田中道代 *TANAKA Michiyo*

アメリカの中のアジア

アイデンティティーを模索するアジア系アメリカ人

社会評論社

アメリカの中のアジア●目次

はじめに

「あこがれ」の英語国家アメリカ

一九七〇年代の終わりに、私は東京の大学で「アメリカ論」という科目を受講した。数百人は座れそうな木造平屋の講義室で、先生たちが毎土曜日、それぞれの専門分野から見たアメリカを語り、たまに他校の先生も招かれて話をした。大学の授業といえば、アカデミックすぎて、眠気を誘われそうな内容が多かったのに、アメリカ論は専攻科目外のことも学べたので、私は結構楽しんで聞いていた。

今となっては、何を教わったのかはっきり思い出せないでいるが、ヨーロッパ人の西漸運動（大西洋側の東海岸から太平洋側の西海岸に向かって、アメリカ合衆国のフロンティアを広げていく）

だけは、妙に頭に残っている。そのときは、西漸運動なるものがアメリカの先住民（インディアン）の犠牲のうえに成り立っていたことや、アメリカはメキシコと戦争をして国土を広げていったこと、アジア人も早くからハワイや西海岸で移民として暮らしていたことなどは、ほとんど知らなかった。

英語は国際語として不動の地位を固めていたし、共産主義国家ソ連に対抗させて、民主主義の最たる国と教えられたアメリカに、私は純粋にあこがれていたような気がする。大学三年の夏に、カリフォルニア州サンディエゴで、一か月間ホームステイを体験したのも、アメリカを見てみたいという思いがあったからだ。それは私にとっては、初めての外国体験でもあった。

ハイウエー、ビル、民家、車、テレビ、コップなど、目に入るものすべてが大きかったこと、そして一滴の雨も降らなかった天候には驚いても、第二次世界大戦の後、日本に駐留した元アメリカ兵と結婚し、二人の養子を育て、昼間は働き、夜は学校に通っていた五十代の日本人ホストマザーの人生が、そのままアメリカの移民史の一部であることに私は気付かなかった。また日本へ帰る途中に立ち寄ったハワイ州ホノルルでは、ショッピングセンターの店員が話す日本語が奇妙に聞こえても、彼らを日系アメリカ人の三世、四世だと深く考えることもなかった。当然のことながら、真珠湾のアリゾナ記念館を見学してみようという発想など、持ち合わせていなかった。

大学で英文学・英語学を専攻していた私でも、アメリカ文学史では、ナサニエル・ホーソン、ユージン・オニール、ジョン・スタインベックなど、ヨーロッパ系作家が重視されたので、アフリカ系のトニー・モリソン、アジア系のジョン・オカダやマキシム・ホン・キングストンなどの存在は知るよしもなかった。

ある日英文学の先生が、明治の皇后は、アメリカの百ドル札の顔にもなっているベンジャミン・フランクリン（一七〇六~九〇年）の著書『自叙伝』の「十三の徳目」に感銘して、母校の校歌を作詞したと教えてくれた。

みがかずば　たまもかがみもなにかせん
学びの道も　かくこそありけれ

ただし皇后は、十三の徳目のうち、不健康なセックスは慎もうという項目は家庭教師から教わらず、十二の徳目しか知らなかったそうだが……。努力して立身出世を果たしたフランクリンのファンは日本にも多いようだ。しかし、そのフランクリンが思い描いていたアメリカとは、肌の色の濃い人たちではなく、ヨーロッパ人のための理想郷だったことを、私はだいぶ後にアメリカ人の友人から聞いた。

ホームステイだけのアメリカ体験は物足りなかったので、私は八七年から二年間、オハイオ州の大学院で勉強した。当時から、日本人の留学熱はかなり高かったと思う。円も一ドル百二十三円くらいにまで上がり、アメリカにも行きやすくなっていた。男性はともかくとして、私のような二十代、三十代の女性は、日本での仕事や生活に満足できず、もっと違う人生を歩みたい、何かに挑戦したいと思って、勉強していた人が多かった。

大学には、中国、台湾、日本、韓国、フィリピン、インドネシアなど、アジアからの留学生が数多く学び、アメリカで暮らしたい中国人学生は、必死に仕事を探していた。そのとき初めて、永住が認められる「グリーンカード」という言葉を耳にしたし、卒業後アメリカで就職し、永住権を得て、その後市民権を取り、晴れてアメリカ人になれるプロセスがあることも知った。当時の学友の中にも、今では国籍はアメリカ人という中国人が何人かいる。彼女たちは、ヘレン、ジュディといった英語式のファーストネームさえ持っている。

そういう私も、せっかくアメリカにいるのだからと、留学生に与えられる「プラクティカル・トレーニング（実地訓練）ビザ」を生かして、卒業後は、日系のテレビ局のニューヨーク支局で働くようになった。アジア人移民の多いフラッシングにアパートを借りたのは、一足先にニューヨークで働いていたオハイオ大学出身の中国人女性が、私のため部屋探しをしてくれたからだった。

しかし、中華レストランが軒を連ね、台湾人や韓国人の経営するスーパーには、魚、野菜、くだもの、日本の食料品も並べられ、日常生活に大いに役立っていたこの町に、私は特別な関心を示したわけではなかった。仕事があまりにも忙しすぎて、自分の生活圏をじっくりと見て回る余裕がなかったのである。

アメリカに住むアジア人に教えられて

私はテレビの仕事を九一年にやめて、フリーランスで仕事をするようになった。すると当然のこ

▲…クイーンズのチャイナタウン（フラッシング）

▲…マンハッタンに遠足に行った台湾人のシニアたち（1995年）

となから、生活のテンポもゆっくりしてきて、自分の住んでいる町にも目が行き届くようになった。フラッシングは十七世紀の半ば、クエーカー教徒が宗教の自由を勝ち得た画期的な村で、一九六〇年代、七〇年代には、日本人の駐在員の家族もたくさん住んでいた。

ここに台湾人のお年寄りで作っている長春会があると教えてくれたのも、フラッシングに住む台湾人だった。会場の台湾会館は、私のアパートから歩いて二、三分の所にあったのに、私はその存在すら知らなかった。

九一年十二月に、会館に遊びに行ってみると、会員たちから日本語で声をかけられた。毎週百人近くが集まって、親睦を深めているという。戦前、日本の植民地下で教育を受けた人たちは、日本語を忘れておらず、日本の現状を実によく知っていた。昼食を一緒に食べ、英会話を学び、社交ダンスを習い、日本の歌謡曲を歌って、本当に楽しそうだった。彼らのほとんどが、アメリカで暮らす子供や兄弟を頼って来たという。かなりの高齢になってからの外国移住に、彼らはどう対処しているのか、私は興味をそそられた。

また同じ年に、市民活動家ユリ・コチヤマさんを知ったことも、私がアジア系コミュニティーをより注意深く見るきっかけになった。ユリさんのことは、フィリピン人の友人から、「たくさんの人を助けているジャパニーズ・ウーマンがいる」と聞いていたので、私はてっきり日本人だと思っていた。一九二一年にカリフォルニアで生まれたユリさんは、第二次大戦中、アーカンソー州の収容所に送られた。結婚と同時にニューヨークに来て、六〇年からハーレムで暮らすようになった。そこで黒人の公民権運動に刺激され、以来、マイノリティー（アメリカでは黒人、ラテンアメリカ人、アジア人、先住民のアメリカ・インディアンなど）への差別をなくす運動を続けてきた。

たとえば、マンハッタンの日本料理レストランの店長が、ウエイターやウエイトレスのチップをピンはねしていると聞けば、六、七人を集めてレストランの前で抗議行動を起こす。チップはウエイター、ウエイトレスの大きな収入源で、彼らのほとんどがアジア人やラテンアメリカ人だったからだ。私はユリさんから、デモ用のプラカードに日本語で抗議の文句を書いてほしいと頼まれた。当日現場に行っても、デモなど一度も参加したことがなかった私だったので、ただただユリさんたちを見ていただけだった。

また毎年恒例の「アジア太平洋系アメリカ人の伝統を守る祭り」では、ユリさんは「殺人罪」で服役している中国人男性の無罪が認められるよう、支援を求めるパンフレットを配る。ワークショップや集会に講演者として招かれると、アメリカ政府が黒人や第三世界の人々を抑圧してきたこと

▲…日本料理店の前で抗議デモをするユリ・コチヤマさん

を話し、第二次大戦中の慰安婦問題で、韓国系アメリカ人が日本総領事館の前で抗議デモをおこなえば、その応援に駆け付ける。

ユリさんは、「自分たちが動かなければ世の中は変わらない」という強い信念を持っていた。そして自宅で手製のプラカードを作り、それを首から下げて路上で抗議する姿は、「日系人はおとなしい」という私の先入観を、見事に覆してくれた。長い間私は、「政治的な発言をするのはたいてい白人で、マイノリティーの中では黒人」と決め込んでいたからだ。

三十年以上も運動をしているユリさんのアパートには、いろんな人が出入りしていた。日系（日本人も）はもちろん、中国系、ベトナム系、フィリピン系、韓国系などのアジア人、アメリカ先住民、黒人、プエルトリコ人、ユダヤ系などが、社会や運動はこうあるべきと、意見を活発に交換していた。また市民運動家、映画監督、俳優などが、日本、カナダ、アメリカ各地からニューヨークへ来れば、その人を囲んで話を聞く機会をつくってくれた。そういう人たちから私はさまざまな事を学んだ。今や全米一の規模となったマンハッタンのチャイナタウンには、十九世紀の終わり、すでに千人を越す中国人が暮らしていたこと、ハワイやカリフォルニアに固まっているとばかり思っていた日系人の二世、三世も結構ニューヨークで暮らしていること、アジア系の大学生もベトナム戦争への反対運動に参加したこと、全米各地の大学で「アジア系アメリカ人学生連盟」といった団体がつくられてきたこと……。彼らは日系、中国系といった国別ではなく、より大きな「アジア系」という枠の中で問題を見つめていた。彼らの話す英語は流ちょうで、堂々と意見を述べて、頼もしく見えた。

しかしその一方で、彼らは「アメリカ人である」、あるいは「アメリカ人でありたい」ことに、かなり執着していたように思う。日系人の収容所体験を記憶にとどめる会合で、二十代に見えた女性が次のような発言をした。「クリスティー・ヤマグチ（フィギュア・スケーター）が、オリンピックで金メダルを取り、表彰式で星条旗が揚がったとき、客席にいた彼女のおとうさんは立ち上がって、胸に手をあて、アメリカの国歌を歌った。私はおとうさんの愛国的な態度にジーンとなった」。また米兵と韓国人セックスワーカーがテーマのワークショップでは、ある韓国系女性がこう語った。「私はアメリカ人。アメリカは私の国。だから私は、私の国の政府に訴えて、私の国によくなって欲しい」

日本生まれの日本育ちの私は、日本で「私は日本人」と叫ぶ必要もなかったので、彼らのこだわりが少し異常に見えた。そして第二次大戦で犠牲になった日系の兵士をたたえるスピーチを聞いても、いい気はしなかった。戦争という大義名分を掲げて、国家は常に一般市民を犠牲にしてきた。国家に翻弄された市民をヒーローと呼ぶことで、本当に心が休まるのだろうか……。アメリカ人の「私の国アメリカに尽くしたい、だれが何と言おうと私はアメリカ人」という態度は、愛国主義や国家主義につながって、「おごれるアメリカ人」をつくってしまいそうな気がした。

しかし、そう思う私は所詮外国人である。私は日本では、アイヌ民族、在日韓国朝鮮人、中国人などの「マイノリティー」の置かれた立場に、ほとんど目を向けることのない生活を送っていたような気がする。だからアジア系が、アメリカ社会で、まず自分たちの地位を確保しなければならない状況にも無知だった。

▲…第２次世界大戦中の日系人の処遇（アメリカ歴史博物館の展示）

法律で差別されたアジア人

そこで私はアジア系アメリカ人の歴史を調べてみることにした。アジア系はさまざまな法律で差別を受け、約十二万の日系人を収容所に送った一九四二年の大統領令は、その極めつけだった。

アジア人で最初にアメリカに出稼ぎに来たのは中国人だった。カリフォルニアで金鉱が発見されたこと（一八四八年）と、セントラル・パシフィック鉄道の敷設（一八六五〜六九年）がきっかけだった。その他にも六六年に、ルイジアナ州の砂糖きび畑に農作業者として雇われた。出稼ぎ者のほとんどは、飢えに苦しむ広東省の農民や労働者だった。

イギリスとのアヘン戦争（一八三九〜四二年、

および一八五六〜六〇年）に敗れた清王朝は、莫大な賠償金と港の開放を要求され、国民に重税を課した。清王朝は、国民の外国渡航を五九年に認めたが、広東には女は家に残る習慣があり、カリフォルニアに来たのはほとんどが男だった。ヨーロッパ系の移民は、低賃金で働く中国人に仕事を奪われることを恐れ、カリフォルニアやワイオミングで、中国人が数十人殺される暴動も起きた。

法律でも中国人は苦しめられた。後で違法とされたが、カリフォルニアの外国人鉱夫税法（一八五〇年）で、中国人は毎月ライセンス料を払って金鉱掘りをしなければならなかった。また裁判では、中国人は白人と対決する証人にはなれないとされ（一八五四年）、白人とアジア系との結婚を認めない州法も生まれた（一八八〇年）。八二年には、連邦議会で中国人排斥法が通過し、中国からの移民を十年間禁じ、中国人が市民権を取ることも認めなかった。この法律は九二年に再延長され、一九〇二年には永久的なものになった。一八八八年には、一時帰国をした中国人は、アメリカには再入国できない法律も作られ、九四年には、今度は清王朝が国民の海外渡航を禁じるようになった。

カリフォルニアの金が掘り尽くされ、鉄道も完成すると、職にあぶれた中国人は、都市部で洗濯屋やレストランを始めたり、住み込みの使用人になった。中国人には独身者が多く、同郷者で固まり、各地にチャイナタウンが生まれた。排斥法と女性の数が極端に少なかったことから、一八八〇年には十万人以上いた中国人も、一九四〇年には四万七千人にまで減少した。

日本人は中国人より少し遅れ、一八九〇年代に西海岸に来ている。明治維新の後、富国強兵政策を押し進めた日本は、新しい税法を作ってその財源にした。農民は収穫量でなく農地面積で徴税され、税金を払えない人が増えていった。農地を没収された農民の目は、ハワイやカリフォルニアに向き、また一八七三年に制定された徴兵制から逃れるため、国を出た人も多かった。

カリフォルニアの農場で働いていた日本人は、やがて自作農になる。中国人と違い、妻や子供が一緒の渡航が認められたのは、農業には人手が多いほうが都合がよかったからだ。そして多くの「写真花嫁」も、写真でしか見たことのない日本人男性と結婚するために太平洋を渡った。しかし農業で成功した日本人は反感を買われ、一九一三年の外国人土地法によって、市民権を持たない人は土地を購入できなくなった。だから日本人はアメリカ生まれの子供の名義を使うしかなかった。

一九二四年の移民法は、一八九〇年の国勢調査に基づく移民枠を割り当て、日本からは最低枠の百人が年間に来れるだけとなった。ちなみにイギリスには三万四千人、アイルランドには二万八千人もの枠がもうけられた。それでもアメリカ生まれの二世が増え、一九三〇年には日系人は十四万近くになっていた。

インドからも一九〇〇年代の初め、主にパンジャブ地方のシーク教徒が西海岸へ来た。ほとんどが単身の若い男で、ターバンと長い口ひげが特徴だった。イギリスの植民地政策（一八四九～一九四七年）で、パンジャブ地方には道路、鉄道、灌漑《かんがい》用の運河がつくられ、新しい耕作地が生まれた。しかし、現金で徴税される開拓者の負担は大きく、土地を担保にして現金を借りる人も出てきた。税金を払えなくなった農民は土地を手放し、息子を香港の警官や兵隊にさせたり、カナダに行かせたりした。そういう場所からインド人は、アメリカ西海岸の農場や材木切り出し場に出向いた。

インド人の移住にも一九〇九年から制限がつけられ、一七年にはアメリカ国民には望ましくないという法律ができた。そのためインド人の数は七千人にも満たなかった。

▲…クイーンズ、ジャクソンハイツのインドタウン（手代木麻生撮影）

一方、三百年以上に及ぶスペイン支配の後、フィリピンは一八九八年からアメリカの統治に変わった。フィリピン人は星条旗に向かって英語で忠誠を誓わされ、最初にアメリカへ来たのも政府スポンサーの留学生だった。彼らが母国に帰って要職に就くと、アメリカに自費留学に来る人が増えていった。

一九二四年の移民法（アジア人排斥法とも呼ばれる）が施行されてから、西海岸の労働力を補ったのはフィリピン人だった。彼らはかん詰め工場で働き、レストランやホテルに勤め、人口は三〇年には四万人に増えていた。しかし中国人や日本人のように、商売を始めたり、農場を経営する人は少なかった。フィリピン人はカリフォルニアの農作物を収穫する主な担い手で、一つの作物が終わると次の作物へと旅をした。彼らを雇う農場が増えていくと、白人労働者からは目の敵にされ、またダンスのうまい若いフィリピン人が白人女性

▲…アジア太平洋系アメリカ人の伝統を守る祭りでのフィリピンの踊り

とデートをすれば、モラルの低下を招くと騒がれた。

結局フィリピン人移民も三二年に禁止され、市民権を取るのもふさわしくないとされた。それでも厳しい労働条件に対しては、フィリピン人は組合を作って対抗した。

皮肉にも第二次大戦は、日本人以外のアジア系にはプラスの要因となった。四一年、日本がアメリカに宣戦布告すると、アメリカと同盟国になった中国、インド、フィリピンのイメージは上がった。四三年十二月、朝鮮人は敵性外国人からはずされ、フィリピンの独立も日本が敗れた後に認められることになった。中国人排斥法が消え、中国人にもアメリカへの帰化が許され、年間百五人という移民枠ももうけられたのである。

私のアジア人としての自覚

アメリカ人は、新参者イコール移民という公式を当てはめたがる。マジョリティーの白人に属さない人種の場合、とりわけアジア系やラテンアメリカ系は、移民に見られることが多いようだ。もっとも私に、「あなたはアジア人ですか」と聞いて来た人はなく、中国人、韓国人、日本人かと、国別で聞かれるのだが……。

私はアジア人のコミュニティーにいると気が楽だった。フラッシングも居心地のいい町だった。顔形が似通っていたせいか、回りの人たちとは違うと意識することもなく、自然体でいられた。オハイオ大学でアジア人留学生と仲よくなったのも、一緒にいてあまり違和感を感じなかったからだ。歴史や文化での共有点が多く、話題にもすんなり入っていけた。卒業後なぜか私は、オハイオ大学同窓会のニューヨーク支部の理事になったが、二か月おきにある定例会に出席していたのは、私以外は皆白人だった。私は彼らの話題についていけず、疎外感を感じ、だんだん行きづらくなって、最後には理事をやめてしまった。

一九八七年から十二年間暮らしたアメリカで、アジア人の顔を持った私が、得をしたのか損をしたのかわからないが、あからさまに差別を受けたことはなかった。六〇年代の黒人の公民権運動をへて、アメリカがより平等な社会をつくろうとしてきた成果なのかもしれない。

それでも、間接的な嫌がらせは受けたことはある。早朝、マンハッタンからフラッシングに帰る地下鉄の中での出来事。通勤ラッシュとは逆方向なので、乗客は少なかった。私は一番前の車両で、すわって本を読んでいた。だれかが私の足をけった。私は顔を上げた。真向かいの席にすわっていた中年の白人男性が、ズボンのチャックをあけ、ニヤリと笑った。露出症だった。車両にいたのは私とその男だけ。私は嫌悪感を丸出しにし、運転席の方へ歩いて行った。男は次の駅で降りた。私が黒人、あるいは白人だったら、男はああいう行動を取らなかったような気がする。敵対関係が内在している黒人女性からは、はっきり文句を言われるだろうし、白人女性には軽蔑の目で見られるだろう。でもアジア人女性は、おとなしい移民、「ゲイシャ・ガール」のような軽い性的対象に写ったのかもしれない。

また文房具店のセルフサービスのコピー機で、コピーを取っていると、中年のラテンアメリカ人女性が私のそばに来て、「まだ時間がかかるの」とむっつり顔で言った。コピー機は四台あり、私は一番後に来てコピーを取り始めていた。私の隣では、初老の白人女性が何十枚もの書類をゆっくりコピーしていた。「あちらの女性のほうが長くやっていますよ」と言いたかったが、私は「もう少し時間がかかる」とだけ返事した。早く引き上げてほしいと私に言いに来たところを見ると、女は白人女性と男性に対しては、言葉をかけにくかったのだろう。

そしてマンハッタンの歩道を歩いていたとき、すれ違った若い黒人男性から、新聞紙を丸めたようなものでパーンと腕をたたかれたことがある。突然のことだったので胸がドキンとした。黒人男性にとっても、アジア系女性はからかいやすい対象なのかもしれない。

その一方で、アジア人の中にも特定のマイノリティーをよく思わない人がいる。「私はたとえ大統領であっても、その人が黒人ならプロポーズされても断わる」と言った戦前派の日本人女性がいたし、戦前に日本教育を受けた台湾人が、近所のジャマイカ人を「黒んぼ」と言うのも聞いた。黒人の客が来ると万引きをされるのではと不安になり、ユダヤ人客はいろんな文句をつけるから嫌だと語った韓国人の写真店経営者もいた。お互いをよく知らず、交流もほとんどないとなると、偏見や緊張関係は生まれやすくなる。

増え続けるアジア系アメリカ人

アメリカでも二〇〇〇年に国勢調査がおこなわれ、結果が少しずつ明らかになっている。二億八千万近くの人口のうち、アジア系はおよそ千五十万人。十年前の七百万より五〇パーセント増え、ラテンアメリカ人（ヒスパニックと分類されている）の四五パーセント増、黒人の一四パーセント増、先住民の一四パーセント増、白人の四パーセント増の中で、最大の上昇率となっている。

この人口増加には、移民の激増が大きく影響している。国と国との経済格差や、カンボジアやラオスにも波及したベトナム戦争の惨渦などが、アジア人をアメリカに引き寄せてきたが、そもそもはアメリカの移民法が一九六五年に改正されたことが発端だった。新しい法律は、それまでのヨーロッパ偏重政策を改め、各国平等に二万人という移民枠を割り当てるようになった。アメリカの市民権保持者は、祖国から家族を呼び寄せられるようになり、特殊技能を持っている人には優先的にグリーンカードが与えられた。そしてこれは、女性への門戸解放も意味した。

この法律が六八年に施行されると、効果はてきめんに現れた。七一年の三十七万の移民のうち、アジア人は十万三千人と、ヨーロッパ出身者を初めて上回った。

私が十年間暮らしたニューヨーク市は全米最大の都市。二〇〇〇年には、初めて人口が八百万を越えた。一九九〇年と比べると、七十万近く増えている。アジア人も、約七万人多くなった。

新しいアジア人は、街角の新しい風景になっている。たとえば、二十四時間営業の食料品店では、韓国人がジュース、スナック、花、サラダなどを売り、クリーニング店やネイルサロンの経営者にも韓国人が多い。タクシーに乗れば南アジア人のドライバーが目につき、歩道の角や地下鉄の駅のニュース・スタンドにはインド人店員が立っている。地下鉄の入場券売り場、バスの運転手、警官、郵便局の窓口業務、図書館員、大学教員、医者、弁護士にもアジア人が増え、テレビ・ニュースを見るとアジア人の女性記者が活躍しているのがわかる。

アジア人が多くなると、当然彼らを対象にしたスーパーがオープンし、アメリカの食文化にも影響を与えている。中華のテイクアウトの店はどこにでもあるし、実際いろんな人種が利用している。アジア人をターゲットにした弁護士、歯医者、そして旅行代理店、運送店、美容院、ひいては教会や寺などの看板もよく見かけるようになった。

今やニューヨーク市民の十人に一人はアジア系で、七十八万人。それでも二百八十万の白人、二百十六万のヒスパニック、百九十六万の黒人に比べれば、まだまだ少数派である。そしてこの人種は、居住地域のモザイク模様を作っている。ニューヨーク市には五つの行政区（ブルックリン、クイーンズ、マンハッタン、ブロンクス、スタテンアイランド）があり、スタテンアイランドに住んでいるのは七割が白人で、ヒスパニックはブロンクスのウエストファームやマンハッタンのウエストハーレムに集中。黒人はクイーンズのスプリングフィールド・ガーデンズやブルックリンのイーストニューヨークに固まっている。

アジア系が最も密集しているのは、マンハッタンのチャイナタウンである。その隣にあるリトル・イタリーは、中国系の勢いに押され、どんどん小さくなっている。クイーンズは五区の中で一番アジア系が多く、フラッシングの繁華街にはチャイナタウンやコリアタウンがある。白人やユダヤ系の多かったフラッシングの隣町ベイサイドにも、アジア系が移り住み、中国語やハングルの看板が目につくようになった。ジャクソンハイツにはインド人街ができ、ヨーロッパのカトリック教徒が多かったリッチモンドヒルには、インドのパンジャブ地方の移民が増えてきた。新移民は同胞が住んでいる所に居を構えたがる。

こういう物理的な変化は一目瞭然でも、私はアジア人の心の中を知りたかった。中国系、韓国系、日系、インド系、フィリピン系など、それぞれのコミュニティーをカバーする新聞やテレビはあるが、一般のメディアは彼らのことをあまり伝えない。おまけに、アジア系は品行方正で、高学歴、高収入の「モデル・マイノリティー」とよく言われてきた。しかしアジア系にもホームレスはいるし、子供を殺した母親、ギャング集団に入った若者など、非モデル・マイノリティーは存在する。

それではいったい「アジア人」とはだれを指すのだろう。

地理的にどこをアジアと呼ぶかという議論もあるし、アジア人には四世もいれば、半年前にアメリカに来たばかりという人もいる。ボヘミアンのように暮らす日本人の若者がいるかと思えば、家族全員が働いて堅実に貯金をしている中国人もいる。子供を有名大学に行かせたいと頑張る韓国人の夫婦、祖国の親から見合い写真が送られてくるインド人男性など、アメリカで暮らすアジア人の生活環境、家庭事情は千差万別だ。いくら顔形や肌の色が似ているからと言って、言葉、宗教、文化、政治体制の異なる所から来た人を、十把ひとからげにアジア人と呼んで、あれこれ論じるのは無理な事かもしれない。

そして、日本生まれの日本人が国民の大勢を占める日本から見れば、アメリカとは白人男性の大統領が治め、白人の映画監督と俳優がハリウッドで大手を振り、スポーツ界では黒人選手の活躍が目立つ国なのだろう。「日系アメリカ人」ならわかると言う人も、「アジア系アメリカ人」には、今一つぴんと来ないかもしれない。

それでも、ワシントン州には中国系のゲイリー・ロック知事が誕生し、フィギュア・スケーターのミッシェル・クァン、ファッション・デザイナーのビビアン・タム、サン・マイクロシステムズを創設したインド系のビノド・コスラ、バイオリニストの五嶋みどり、チェロ奏者のヨーヨー・マ、映画監督のアン・リーなど、各界で活躍するアジア人が増えている。プロゴルファーのタイガー・ウッズのように、多人種、多民族を背景に持つ「アジア系」もいる。日本からの「輸出品」イチローを誇りに思うアジア系アメリカ人もいる。アジア人は投手にしかなれないというメジャーリーグ界の通説を、彼は覆しているからだ。

ヨーロッパ文化を基礎としてつくられたアメリカ社会に、この元気あふれるアジア人たちが、今後どのような影響を与えていくのか楽しみでもある。

私が出会って興味を引かれたアジア人には、コミュニティーにしっかり根を下ろしている人が多かった。人生に悩み、自分を見つめ、自分を育んでいる社会、ひいてはアメリカという国について真剣に考えていた。私は、そういうアジア人の目を通したアメリカを描いてみたかった。彼らの見る社会は、他の人種が見る社会とは、一味も二味も違うはずだから……。そして私自身、もしずっとアメリカに住むことになったなら、やはりアジア系コミュニティーの一員、すなわちマイノリティーして、いろんなことを考えたと思う。

世界各地の人が集まって来るからこそ、人種や民族の融和は、アメリカの永遠の課題とも言える。だから、ある特定の人種・民族の利害だけを考えるのは、アメリカのバルカン化につながりかねない。アジア系も、自分たちの権利を主張することも大切ではあるが、他の民族との協調をはかりながら、住みやすい社会をつくっていく義務がある。

私はこの著書の中で、「アジア人」、「アジア系（アメリカ人）」を、あまり意識・区別せずに使った。厳密に言えば、アジア人はアジアに住む人、アジア系はアメリカに住むアジア人やその子孫を指すのだろうが、アメリカ人が使う「エイジアン」は、どちらの意味も含んでいて、あいまいに聞こえることが多かったからだ。英語を流ちょうに話すアジア人も、片言も話せないアジア人も、アメリカ社会の一員であることに変わりはない。

第1章　移民と実社会

▲…ベトナムから来たキムとアメリカ人の夫

1――インドネシアでの難民生活があったから

自らの意志で祖国を離れる移民だけでなく、アメリカは歴史的に、戦争などで住む場所を奪われた人にも安住の地を提供してきた。第二次大戦直後はおよそ四十万のヨーロッパ人を、一九四九年、共産主義国家中国が誕生したときには一万五千の中国人を、五九年のキューバ革命では十四万五千のキューバ人を引き受けている。

七五年に米軍がベトナムから撤退することが決まったとき、アメリカ政府は南ベトナム人の将来について深く考えていなかった。しかし南ベトナムの首都サイゴンが北ベトナム軍の手に陥ると、命の危険にさらされた南ベトナム人をアメリカに入国させることにし、その結果、七五年四月から十二月の間に、十三万近くの人がベトナムを「脱出」した。

難民の最初のグループは、そういう脱出組の軍部や支配者層だった。七八年にベトナム軍がカンボジアを侵攻するとカンボジア人、そしてアメリカ政府に荷担したラオスのモン族も国外へ逃げた。

ベトナム軍のプノンペン陥落に対抗し、中国は七九年二月にベトナム北部を侵攻。そのあおりを受けて、経済的に成功していたベトナムのマイノリティー・中国系が、ボートピープルとなって国外脱出をはかった。インドシナ難民の数は七九年には八万、八〇年には十六万六千とふくれ上がり、八五年には累計で六十四万人に達した。

アメリカ政府は、人道的立場からも、難民に無関心でいられなかった。しかしその対処方は統一性に欠け、難民が危機的状況になると、そのつど司法長官が緊急事態を宣言し、数万の人を受け入れるという有様だった。これに対する批判が、八〇年の難民法成立につながった。それまでは、難民のほとんどが共産主義体制から逃れて来た人だったが、新しい法律は、政治体制に関係なく、迫害や生命の危険にさらされている人を難民と定義したのである。

七八年以降のインドシナ難民は準備不足だった。アメリカに来ても低学歴で英語をうまく話せず、いい仕事にもつけなかった。しかも七〇～八〇年代のアメリカは不景気で、給料のよかった製造業の雇用数が減った。多くの女性が働いているのは、夫の収入が低いことにも原因がある。百万を越える難民の多くはカリフォルニア州に定住し、ペンシルバニア州（カンボジア人）、テキサス州（ベトナム人）、ミネソタ州（ラオス人）などにも大きなコミュニティーがある。

八一年にアメリカへ来たキム・ロアン・ヒュン－フォーセルは、「幸運な」ボートピープルだった。キムは六〇年に、サイゴンの南の町ミイトで生まれたが、彼女が覚えている戦争は数えるほどしかなかった。七歳のとき、家から二、三ブロック離れた託児所の前で、弾薬が積まれたトラックが爆発した。キムの家も揺れた。キムは母から姉を探して来るように言われた。あちこちで爆発音がし、弾が飛び交っていた。しかしキムはこわいとは思わなかった。自分の使命は姉を見つけることだと信じていたからだ。恐怖感が襲ってきたのは、姉を探せなかったときだった。母にしかられる……。泣きながら家に帰ると、母はキムがけがをしたのではないかとあわてた。姉は後で隣人に連れられて帰って来た。

そして六八年のテト（新年）の印象も強烈だった。爆竹を投げて新年を祝っていると、突然人々が叫び出した。爆竹音に混じって爆発音が聞こえ、火の手が上がった。大混乱の中、人々が次々にけがをしていった。母は造りの頑丈なおばの家に子供たちを避難させた。

ミイトにも「長身で髪や目の色が違う」アメリカ兵が駐留していた。年配のベトナム人は開けっ広げな性格のアメリカ人を嫌っていた。駐屯所には特別な人しか入れず、母もキムには近付かないよう言い聞かせていた。ある兵士がベトナムの習慣をまねて、お年玉を入れた赤封筒を子供たちに配ろうとした。しかし、キムたちは恥ずかしくて逃げた。

キムの祖父母は一九〇〇年代の初め、中国からベトナムに移住した華僑だった。祖母は中国から歩いてベトナムに入り、途中でメイドや子守をしながら金をため、また旅を続けたことをキムは聞いていた。広東語しか話せない兄が小学校へ入学し、級友にからかわれて泣いて帰って来ると、両親は家での会話をベトナム語に切り替えた。ベトナムではほんの一握りの中国系が経済を統制し、金持ちのほとんどが中国人だったので、中国人は嫌われた。テレビドラマに登場する中国人にも、けち、貪欲、冷徹な人が多かった。

キムは六人きょうだいの四番目。父は、三輪車にワゴンをつけて（シュクロ）客を乗せる商売をしていた。戦争中でも父には毎日収入があり、キムたちはひもじい思いをすることはなかった。しかしサイゴン陥落の年に、一家の生活はがらりと変わった。政権を握ったのは、子供のときに「怪物」と教えられた北ベトナム人。南ベトナム軍から除隊されて帰って来た兄二人は、新政府からは降伏者と見られ、仕事もなかった。キムが高校の入学手続きに行くと、家族の職業を聞かれ、中国系ということも明記しないといけなかった。授業の内容も、科学や美術ではなく、ホー・チ・ミンは偉大、アメリカや中国は悪い国、南ベトナム政府は犯罪者というように、政治ばかりを教えるようになった。南ベトナム政権下で出された本、音楽、映画などは、すべて処分された。かつての自由はまったくなくなり、アートや音楽が好きだったキムは、学校へ行くのをあきらめて働いた。祖母がやっていた小さな雑貨店の店番、おもちゃの組み立て、政府経営のシーフード会社で魚の洗浄や輸出用の梱包作業をしたりした。

ある日オートバイに乗っていた共産党兵が、父のシュクロに接触して死亡した。父は逮捕され、三か月間刑務所に入れられた。一家は父の収入だけが頼りだった。母は借金をしたり、家財道具を売ったりした。父が裁判にかけられたかどうかを知りたくて、当局に問い合わせると、父の存在をすっかり忘れていたという返事が返って来た。

出所後、父は元の商売に戻った。しかしすべてが政府の管轄になり、ガソリンも一定量しか買えず、日に数時間しか営業できなかった。闇市でガソリンを買うと数十倍も高く、運賃収入がガソリン代に満たないこともあった。兄二人は仕事が見つからず、生活はどんどん苦しくなった。だから大勢のベトナム人が国を離れていると聞いたとき、キムの両親も彼らに続く決心をした。

一家がベトナムを去ったのは七九年六月のことだった。無許可の国外渡航は禁じられていたが、役人は賄賂を取って黙認していた。それでも人目につく行動は取れなかった。政府がいつ心変わりをして逮捕してくるかわからなかったからだ。国を離れたい人は多額の金を注ぎ込んでいたので、キム一家の資金力で脱出がかなうかはわからなかった。

しかしキムたちは幸運だった。家族の友人が紹介してくれた役人が、一家（両親、子供六人、兄の妻と子供の計十人）を乗船リストに載せてくれたのである。父は役人と話をまとめ、一銭も払わない代わりに、後に残ったものはすべて役人のものになるはずだった。

ある日キムの家を人が訪ねて来て、二時間以内に荷物をまとめるように言った。両親は子供たちを探し回って家族全員を集めた。集合場所に行くと、その日の船出は中止となり、改めて出航日を知らせると言われた。キムは「もしかして政府が……」と恐ろしくなった。家に戻るとすでに家屋は没収され、中に入れなかった。キムたちは親戚や友人の家に泊まった。二日後に再び呼び出しがかかり、今度は正真正銘の出帆となった。

キムたちを乗せた木造船は長さが二十メートルほど。脱出を計画していた人が密かに造っていたものだった。その船に三百七十人が乗り、皆両足を腕で抱いて座った。眠るときは隣の人に寄りかかり、足を伸ばすときも人の上、そして船に酔うと人の上に吐くしかなかった。船底に押し込められたキムは、外の天気がどうだったのか、まったくわからなかった。人を積み過ぎた船は、嵐が来たらひとたまりもなかったはずだ。

飲み水は各自で持参し、金を多く払った人は荷物もたくさん持ち込めた。ただで乗せてもらったキムたちには、一人二キロという制約が付いた。だからドライフードを抱え、摂氏三十度の暑さでも、シャツやズボンを何枚も重ね着して乗船した。

五、六日後、船はインドネシアの小島レイトンに着いた。そこにはすでに大勢のベトナム人難民が暮らしていた。国際赤十字社は、ベトナム人がインドネシア人と接触するのを避けるため、また衛生上の問題も考えて、ベトナム人を他の島へ移すことにした。キム一家は無人島ククに移された。

ククでの最初の一週間は、流れ星を見ながら砂の上で寝た。雨は木陰に入ってしのいだ。ベトナムからおの、なべ、そして蚊帳《かや》などを持って来ていた金持ちもいた。キム一家の全財産は金の指輪六個だけだった。その一個でインドネシア人から大きなナイフを買い、木を切って小屋を建てた。屋根にはココナッツの葉をふいた。小枝はもう残っておらず、足の太さほどの木を十本並べてベッドを作った。初めてそれに寝た日は背中じゅうが痛んだ。金持ちはろうそくを買ったが、キムたちは月明りの夜を過ごした。

数週間すると、赤十字社がイワシの缶詰やコメを配給するようになった。一人に十缶、全部で百缶の缶詰を目の前にしたとき、キムは幸せな気持ちになった。それでも十人には不十分で、キムはいつも空腹だった。他の島からインドネシア人が来ると、ベトナム人はその缶詰を野菜や果物と交換した。兄は釣竿《つりざお》を買い、一番下の妹を連れて、毎朝レイトンの川で漁をした。妹は魚の餌にするバッタをつかまえた。釣ってきた魚はククに住む他のベトナム人に売った。

新しいベトナム人難民は次々に到着し、ククの人口が一時期二万人になったとキムは聞いた。ククに来た人々は初めは川の水を飲んでいた。すると下痢をしたり、マラリアにかかったりして、三か月間で四百人が死んだ。キムたちも家族全員が病気になり、高熱にうなされた。しかし、赤十字社の診療所がくれる薬の数は限られ、欲しい人は夜中から並んで待たなければならなかった。何人もの死体が運ばれていくのを見ていたキムは、ぼんやりといつ自分の番が来るのだろうと思った。赤十字社は事態の深刻さに気付いて薬の配給量を増やし、やがてキムたちは全員健康を取り戻した。

一か月たつとレイトン行きが禁じられ、兄は漁ができなくなった。母は指輪を売り、二人乗りのカヌーと網を買った。今度は兄二人がククで漁をした。地引き網を引くときはキムも手伝った。十センチくらいの魚のうち、大きいものは売り、小魚は家族が食べた。食事のときは、必ずだれかが蝿を追い払う役についていないといけなかった。

一年後、今度はギャラン島に移された。長いバラックを十家族がシェアし、プライバシーのほとんどない生活になった。ギャランでは漁をするのがむずかしくなったので、キムたちは難民収容施設をつくる現場で働いた。

ギャランでの生活が半年過ぎた頃、キム一家のスポンサーがアメリカに見つかった。十人の大家族を引き受けたのは、スポーツクラブを経営する会社だった。一家はまずシンガポールに行って手続きをすませ、それからサンフランシスコに飛んだ。そして二週間後、東部のバージニア州へ向かった。

そこにはベトナム人女性の世話役がいて、キムたちに、英語学校を探して仕事もあっせんする、それがアメリカ政府の方針だと説明した。キムは感動した。難民時代に比べると天国のようだった。ベトナムでは政府は個人のことを構うこともなく、仕事を探すときは、「手助けがいりませんか」

▲…最後の難民生活の地・ギャラン島に立つキム（1980年）

と、人の家を訪ねて回るのが普通だったからだ。

一家は一軒家に案内された。それまでキムが見た家の中で、一番大きな家だった。その家にはもう一家族が住んでいて、キムたちを入れると二十四人になった。二週間後、結婚していた兄の家族とは別々にされ、キムは両親と残りのきょうだいで、寝室の二つあるアパートで暮らすようになった。姉、キム、妹二人で一部屋、両親と兄でもう一部屋を使った。ベトナムの家は小さかったし、冷蔵庫やオーブンがあり、火の準備をする必要がなくなっただけでもキムには十分だった。

キムは近所のスーパーに行って驚いた。たくさんの種類の、しかも新しい商品が並べられていたからだ。キムたちは「あれを見て！」、「これを見て！」と、はしゃぎっぱなしだった。買い物をしていたベトナム人男性に、「あんたたちは来たばかり？」と声をかけられた。男性は一家に質問をし、いろんなことを教えてくれた。学校では英語や技能を学べ、望むなら大学にも行けると言った。だから与えられた仕事をすぐ受け入れるのではなく、世話役には学校へ行きたいと言うようにアドバイスした。

アパートに戻ると世話役が来て、スポーツクラブのタオルやシーツなどを洗う仕事が見つかったと伝えた。キムたちが学校へ行きたいと言うと、世話役は怒って、一家がもらえる生活保護（現金、食料品券、医療費免除など）を取り消す、ソーシャルワーカーに一家が働くことを拒否した事を通告すると脅かした。後で知ったことだが、スポンサーになった会社は、できるだけ早く一家に仕事を斡旋すると、政府に約束していたのである。

家族の所持金は二十ドルだけ。金もなく、仕事もない……。キムたちは恐ろしくなった。そしてスーパーで会った男性に、「なぜ、あんなことを言ったの」と泣きついた。彼は心配しないようにさとし、別のソーシャルワーカーを紹介してくれた。その女性が手続きをして、一家は生活保護を受けながら、英語クラスに通い始めた。

生活保護は一年半後にカットされた。キムのように、健康で働ける若者には援助できないという理由でだった。そのときには少し英語を話せるようになっていたので、キムは姉と一緒にマクドナルドのハンバーガー・ショップで働き始めた。朝六時に起きてバスに乗り、七時から三時までは学校。終了のベルが鳴ると、そのままバス停まで走って店へ向かい、四時から十二時まで働いた。真夜中を過ぎるとバスはなく、姉と二人で歩いて帰った。自分を待っているスケジュールを次々とこなす、そういう生活が続いた。

働きながら大卒の資格を取るのは無理だと思い、キムは八か月で店をやめ、秘書養成のクラスでタイプを習った。一分間四十単語打てるようになると、自動車保険会社に採用された。キムは生まれて初めて正社員になった。週末にはウエイトレスとしても働いた。タイピストはしゃべる必要がなかった。学校もやめ、英語を話す機会も少なくなり、キムの英語はうまくならなかった。四年くらいたつと、他の仕事をしたくなった。自分はもうベトナムに帰ることもないだろうから、英語を上達させたほうがいいと考えた。

思い付いたのは郵便局の窓口業務だった。テストに受かって採用されたが、キムは窓口ではなく、転居者に郵便物を転送する部署に配属された。そこはタイピストよりも悲惨な環境だった。同僚とはほとんど話ができず、自分の席から離れることもできなかった。トイレに行きたいときは手をあげて、上司から許可をもらわなければならなかった。最初の勤務時間は夜の十時から朝六時まで、次は午後四時から十二時までだった。給料や手当てはよくても、刑務所の中にいるような気がした。結局郵便局は半年でやめた。

次は大学の受付になった。給料は減っても自由を感じた。長い間英語を話す練習をしなかったので、初めは電話を取るのもこわかった。高学歴者の多い大学には、英語をうまく話せない人に我慢できない人がいる。ベトナムのアルファベットはフランス語の発音に近く、キムには英語の名前が奇妙に聞こえた。ある女性からの電話を取ったとき、名前を聞き取れず、つづり方を聞いた。女性は早口で、キムは書き取れなかった。だから「もう少しゆっくり話してほしい」と頼んだ。それを二回繰り返すと、「この馬鹿な女は英語をしゃべれない！」と、受話器の向こうで女性が他の人に叫んでいるのが聞こえた。キムは悲しかった。彼女は懸命に書き取ろうとしていたのだ。

しばらくすると、キムの上司はキムにセクハラじみたことをするようになった。しかし、白人男性の上司は賢く、はっきりそれとわかる行動は取らなかった。「きょうは家に帰りなさい。今夜は男はいけないよ」と、彼女は何度もからかわれ、耳に入れたくない冗談を聞かされた。「あなたの英語力では昇進は無理」と言われたこともあった。彼女が同僚の一人に好意を寄せていることを知ると、上司は機嫌が悪くなった。上司のせいで人生をみじめにしたくないと思ったキムは、二年でそこを去った。

次は法律事務所で秘書として働いた。上司の白人女性はよそよそしく、アドバイスが欲しくても、話をさせてもらえる雰囲気ではなかった。キムが同僚と仲よくなっても、「あなたは英語に問題があるから、アメリカ人とコミュニケーションができない」と言われた。そういう上司にもキムは我慢できず、新しい職場を探した。それからいくつかの法律事務所に勤め、九七年からは首都ワシントンにある特許事務所の秘書をしている。

インドネシアでもアメリカでも、キムの家族は子供たちが親を経済的に支えた。アメリカに来て、父は車のディーラーをした。しかし英語をうまく話せず、結局肉体労働にしかつけなかった。五十代半ばの父が、背中や手を痛めて帰って来るのを見るのはつらかった。だから父には引退を勧めた。ちょうど母にアルツハイマーの徴候が出てきていたので、父は家で母の世話をすることができた。

母の病気がいつ始まったのかはわからない。母はキムの記憶にないことをしゃべり出したり、突然何を話していたのかわからなくなったりした。家族が働きに出ている間、一人でずっと留守番をしていたのが影響したのかもしれなかった。母がすっかり記憶をなくさないうちにと、九四年、キムは父、妹、いとこ（八六年にボートピープルとしてベトナムを脱出）と一緒に、母をベトナムに連れて帰った。しかし、母は親友を思い出せなかった。両親と暮らしていたキムは、白人のアメリカ人と結婚して家を出た。両親を二人きりにしたくなかったので、兄に帰って来てもらった。

あの難民生活を体験したから、キムは今の生活に感謝できるのだと思っている。将来のことはわからなくても、若くて健康で、手足が二本ずつあり、働く気さえあれば、どこにいても生活していける……。そういう気概だけはあった。貧しくても、きょうだいでアイデアを出し合って生活に役立て、いろんなことを学んだ。彼女自身も成長し、人生に責任を持つようになった。そして時々クに帰ってみたいと思うことがある。あの浜辺にのんびりと座ってみたいと……。

アメリカに来てから、キムは祖国ベトナムは大国に翻弄されたのだと思うようになった。フランスはベトナムを半分に分け、南北で争わせ、最後に自分が「親分」として居すわり、南ベトナム政府は西欧諸国が作ったかいらい政権だったと……。ワシントンのベトナム戦争戦没者慰霊碑を見たとき、キムはいたたまれない気持ちになった。壁に掘られた戦死者の名前の前で泣いている人もいた。今でもその近くを通ると、そそくさと通り過ぎてしまう。

祖国ベトナムはとても貧しい。九四年に帰省したとき、「外国の悪魔」に侵されず、昔とほとんど変わってないように見えた。ところが二〇〇〇年十二月の旅では、ホテルやレストランなどで、「アメリカン・スタンダード」というサインが目についた。二十五年間の戦争と百万を越える犠牲者は何だったのだろう、ベトナム人のためのベトナムはどこへ行ったのだろうとキムは思った。

2——タクシー・ドライバーは二級市民か

ニューヨークの街角を走るイエロー・キャブには高級感がない。お世辞にもきれいとは言えない車体の車が多く、シートが破れていたり、冷房のない車に出くわすことがある。それでも料金は手頃で、重い荷物を持っていると、ドライバーがトランクへの出し入れを手伝ってくれる。

二十四時間営業のイエロー・キャブのハンドルを握ってきたのは、ほとんどが移民だった。第二次大戦の前はイタリア人、アイルランド人、東欧のユダヤ人、戦後になるとハイチ人、七〇年代は旧ソ連、韓国、ギリシャ、ドミニカの出身者が多かった。八〇年代以降は南アジア人が増え、現在約四万と言われるドライバーの六割以上が、パキスタン人、インド人、バングラデシュ人で占められている。

新移民の多くは口こみで仕事を探す。タクシー運転の魅力は、特別な技術がいらず、自分の生活に合わせて勤務時間を選べることだ。二十五～数百台のタクシーを持つ会社（フリート）から、一日、一週間とリースしてドライバーは運賃を稼ぐ。賃金がコミッション制だった頃は、料金収入の半分近くがドライバーの懐に入った。しかし固定制の今は、十二時間借りた場合、約百ドルのリース料と二十ドルのガソリン代を払わないといけない。だから一ドルでも多く手元に残したいドライバーは、殺気立つ運転をすることがある。

黄色い車体で人目につくイエロー・キャブは、ニューヨークの顔でもある。しかし多くのドライバーは、自分たちを二級市民のように感じている。長時間運転しても実入りは少なく、「持てる者＝フリートの経営者」は「持たざる者＝リース・ドライバー」を搾取していると思っている。おまけに警官は人種差別用語を使い、タクシー業界を監督するニューヨーク市の「タクシー・リムジン委員会」もチェックの目を光らせていると、敵対心が強い。

そしてコメディアン、ひいては一般市民も、ドライバーをジョークのねたにする。

「やつらは怒声のような声でしゃべるし、英語を話さない。礼儀作法はなっておらず、ニューヨーク市の地理にうとい。運転は乱暴で、タクシーの中がにおう。コーランをとなえ、ターバンを巻いた人が多い」

しかし、ハンドルを握ったことのない人には運転の怖さがわからない。現金を扱うドライバーは、強盗に狙われることが多いからだ。それなのに、「タクシー・リムジン委員会は我々の安全を無視し、罰金ばかり取り立てる」と、不満をもらすドライバーは多い。黙っていられなくなると、抗議活動に出る。中でも一九九三年の秋に、マンハッタンの大通りブロードウエーを、三千台のタクシーで埋め尽くしたデモは壮大だった。黄色い車の列が、市庁舎の前まで延々と続き、ドライバーは

「我々にもっと安全を！」という強烈なメッセージを、当時のディンキンズ市長に送ったのである。引き金となったのは、タクシー強盗の三十五人目の犠牲者がイエロー・キャブの中で射殺死体となって発見されたことだった。殺されたドライバーがパキスタン人だったため、南アジア人がたくさんデモに参加した。

リース・ドライバーを「黄色い奴隷」と形容したのは、パキスタン人のサリーム・オスマンだった。サリームはニューヨーク大学で建築経営学を受講するかたわら、九一年からタクシーを運転していた。九二年、勤務先のフリートで、ドライバーの安全をもっと考えてほしいと経営者に進言すると、銃で脅され、解雇されてしまう。経営者がユダヤ系だったことも、イスラム国家出身者の彼には不愉快だった。移民ドライバーは二級市民どころか、三級市民だと感じた。「運転はとてもストレスのたまる仕事。五、六年も続けると、独り言を言い出し、精神的にまいる人も出てきます」と、九三年の暮れに語った彼は、パキスタンでは弁護士をし、大学でも教えていた。彼のように医師や弁護士の資格を持つドライバーは多い。彼の場合、時間的な融通がきき、運転しているときは自分が「大将」でいられることが魅力だった。

「タクシーを運転して月に千ドル稼ぐとします。ぼくらはたいてい数人でアパートをシェアしているので、住居費は二百ドルくらいに押さえられます。パキスタン人の店で食料を買うと、食費もシェアすれば二百ドルくらいですみます。手元に残った約五百ドルの中から、二百ドル（九三年当時で六、七千ルピー）を国に送金できます。パキスタンでは二千ルピーで生活している人が多いので、アメリカでの仕事にはとても意味があるわけです」

イギリスの植民地だったパキスタンでは、英語によるテレビ放送が多く、特にハリウッド映画は「素晴らしいアメリカ」という幻想を国民に植え付けているとサリームは言った。人口一億四千万の一握りの人間が支配している社会で、底辺にいる人はアメリカン・ドリームを信じ、借金をしてビザを買い、仲介人に金を払ってアメリカに来るという。

「ここアメリカでは家族が助け合わず、ホームレスが見捨てられ、皆、車や物質主義の生活を追っています。資本主義社会では自分自身が神なんですよ。パキスタンでは人に請われると、貧しくても食べ物を分かち合います。アメリカは教養の高い社会だと言われてますが、生活の質が高いとは思えません」

フリートの経営者から脅かされた経験を踏まえ、サリームは九四〜九六年の約二年間、「リース・ドライバー連合」の世話役をした。この団体は、タクシー・リムジン委員会からドライバーが召喚されたとき、代行出頭したり、失職したドライバーの手当てをフリートに要求したり、ニューヨーク市の地理や英語の勉強会を企画するなど、リース・ドライバーを援護する活動をしていた。だからサリームは、ドライバーが立ち寄る南アジア系のレストランや立ち食い店に出向いて、ドライバーと話をした。ドライバーたちは、そういう場所を上手に開拓していた。

九四年五月に、マンハッタンの路上で、サリームがパキスタン人ドライバーと白人のトラック運転手の口論を仲裁していると、警官に殴られて逮捕された。ところが彼に対して、警察への暴力と公務執行妨害罪が科せられる。リース・ドライバー連合はその親団体「アジア人排斥の暴力に反対する委員会」と共に抗議運動を繰り広げ、一年後、彼の起訴は取り下げられた。

アメリカで資金を作り、祖国で治安判事になることを夢見ていたサリームだったが、九八年二月に脳溢血《のういっけつ》で帰らぬ人となり、遺体はパキスタンの故郷ラホールへ空輸された。

○

「リース・ドライバーは本当に大変ですよ」と、同情して語ったのは満田泰三《みつだたいぞう》だった。九六年にニューヨークで生涯を終えた泰三も、七五年から九二年までの十七年間、イエロー・キャブを運転していたからだ。しかし彼はリース・ドライバーではなく、オーナー・ドライバーだった。

ニューヨークを走るイエロー・キャブの数は一万二千百八十七。そのうちの四割は泰三のように個人が所有し、残りはフリートが持っている。タクシーの営業許可証は一万二千百八十七という固定数のため、高価な投資物でもあり、九九年には、個人用に約二十一万ドル（二千三百十万円）の価格がついていた。

一九二六年に中国東北部で生まれた泰三は、奉天の中学を出た後、四四～五〇年に東京の拓殖大学で学んだ。戦時中は学徒動員令で、伊豆の鉱山や蔵王温泉近くの農村で働かされた。父親がシベリアに五年間抑留されていたときは、長男として一家の大黒柱になった。五二年に教師になり、五五年の一時期、朝鮮戦争を処理する国連の出先機関でお抱え運転手をしたこともある。そこで働いていたロシア系アメリカ人と知り合って結婚。長男が生まれたとき「あいの子」と呼ぶ日本人は冷たく、五七年に妻の国へ渡った。

郵便係としてスタートし、国連開発計画の職員になるまで、泰三はニューヨークの国連本部に十

▲…イエロー・キャブを17年間運転した満田泰三

六年間勤務した。しかし新しい上司のやり方、そして官僚主義を嫌って退職。借金をしてイエロー・キャブの営業許可証を買い、七五年にフルタイムのドライバーに転身した。東京でお抱え運転手をしていたことも、新しい仕事に踏み切れた一因だった。

しかし、国連の政治的な人事に傷付いた泰三の気持ちを、妻は理解できなかった。タクシー・ドライバーは世界最悪の仕事とののしり、夫の新しい職を恥じた。妻は四人の子供にも当たるようになり、家庭の雰囲気ががらりと変わった。息子二人は家にあまり寄り付かなくなった。

泰三は妻と話し合う努力をしなかった。妻を避けるために、勤務時間を夕方から朝に変え、昼間はタクシーを日系人ドライバーに貸し、妻が働きに出ている間、家で寝た。そして妻から離婚を求められると、彼は家を出た。

大学を出ながらドライバーをしている……。泰三も悩んだ。日本人客に、「日本人がドライバーなんかをしている」という顔をされるのが一番たまらなかった。それでも泰三は運転が好きだった。タクシーにはいろんな客が乗って来たからだ。テレビニュースの女性キャスターに、「あなたの出る番組をよく見ています」と言うと、うれしそうにした。盗難にあったずぶぬれの若い女性を、ただで家まで送り届けたこともある。離婚争議の真最中の女性が、旅行から家に戻ってみると、夫が鍵を替えていたのか、中に入れなかった。だから泰三は警察を呼んだ。身なりのいい紳士にただ乗りをされたこともある。

泰三が初めて強盗にあったのは、朝、ブルックリンの交差点で信号を待っているときだった。運転席のドアが突然開き、男が彼のシャツのポケットから一ドルの札束をわしづかみにした。すると今度は反対側のドアが開いて、二人の男が、地図、釣り銭箱、カバンをつかんで逃げて行った。泰三は瞬時の事に気が動転した。その足で警察に行き、その日は仕事をする気になれず、そのまま家に帰った。

一週間後、容疑者の一人の首実験に来るよう、警察から連絡をもらった。目撃者の通報で少年を逮捕したと言われても、泰三の覚えている顔ではなかった。その一週間後また呼び出しがあり、裁判用に新しく調書を取りたいと言われた。三か月後、今度は家庭裁判所から出頭要請が来た。

第一回の裁判のとき、泰三は初めて証人と顔を合わせた。雑貨屋の店主は、息子があの界隈に住む「チンピラ」に殺され、「あなたがやられているのを見て警察に知らせた」と言った。書類に目を通していた判事は、泰三に質問することもなく、弁護士が判事に「少年は初犯で危害を加えなかった」と言っているのが聞こえた。

二回目の出頭のときは、刑事も証人の姿もなかった。被害者も加害者も同じ待合室にすわり、斜め後ろの席から、少年と母親が自分を見ていて、泰三は不快になった。結局、少年は無罪放免。泰三は何度も足を運んで馬鹿をみたと思った。同僚からは、「警察に通報しても無駄。一日つぶせば一日分の収入がふいになるだけ」と言われた。だからそれ以降、彼は強盗に襲われても警察には届けなかった。

泰三は拳銃を突き付けられたこともある。夜の十時頃、イースト・リバーにかかる橋の入り口に警察のバリケードが見えたので、車をとめた。すると拳銃を持った二人組の男が現れ、格闘になり、泰三は銃尻で眉間を切られた。血がドクドクと流れた。彼は車ごと二人から逃げ切り、病院で手当てを受けた。悪寒が走ってきたのはそのときだった。

だから九三年秋のイエロー・キャブのデモを見たとき、泰三は感動した。あんなに多くの車が参加したデモは初めてだったからだ。九三年は選挙の年だった。市長になったら銃規制を厳しくして、受刑者がすぐ出所できる体制を改めたいと語ったジュリアーニに、泰三は一票を投じた。

実際ジュリアーニ政権が誕生すると、ドライバー（ハイヤーなども含む）の殺人件数が激減した。犠牲者は、九二年の四十五人から、九七年には十三人に減り、イエロー・キャブに関しては、年に一人というのがここ数年続いている。タクシー・リムジン委員会（TLC）は、ジュリアーニ政権の「反犯罪キャンペーン」の成果だと鼻高々だ。ジュリアーニ自身も、二〇〇〇年の国勢調査で、市の人口が十年前より七十万近く増えたのは、ニューヨークがより住みやすい所になった証しと語っている。

その一方で、市長の「質の高い市民生活」を追及する政策は、警察力の強化につながっている。ホームレスは路上から追い払われ、「あやしげに見える」市民は職務質問を受ける。警察に呼応するかのように、TLCも悪質なドライバーにはチケットを切り、TLCの法廷では、毎週約千五百件ものヒアリングがおこなわれている。

「TLCは罰金をできるだけたくさん集めるのに必死です。以前より三、四〇〇パーセントも増え、年間で二百〜二百五十万ドルにもなっていますよ」

リース・ドライバーズ連合から、九八年一月に新しく生まれ変わった「ニューヨーク・タクシー労働者同盟」のスタッフはそう語った。

「ドライバーは自分で運転してますから、事故を起こしたくないし、自分や乗客の安全を一番気にしてます。それなのにTLCは事故が心配とか言って、検査を厳しくし、チケットを切るんです。ノルマ達成のために罰金ばかり取ってますよ」

千七百人のメンバーを持つこの団体は、九九年は、罰点制度の撤回運動に力を入れた。TLCの規則では、十八か月の間に六罰点をもらったドライバーは、三十日間の免停、十罰点の場合は免許剥奪《はくだつ》になるからだ。毎日運転しているドライバーにとって、これは死活問題である。

3——指先のペインター

カサブランカ・ネイルサロン、ネイルズ・ツゲザー、ビーナス・ネイルズ、ネイルズ・バイ・ジュリア。

ニューヨークでは「ネイル」のついた看板文字が至る所で目につく。アメリカのネイルサロン産業は年商六十三億ドル、マニキュアリストの数もこの十年で倍増と聞けば、それもなるほどとうなずける。エアブラシの改良、新作のカラーなど、ネイル・ペインティングの質も高くなり、一色をぬるだけでなく、クリスマスが近くなるとツリーを、バレンタインデーにはハートをというように、季節感あふれる模様をかいてもらう客もいる。

「私はプロのマニキュアリスト」と自信たっぷりに話す洪修京《ホン・スギョン》は、一九九〇年、高校一年のとき、韓国からアメリカへ来た。制服着用を義務付けられ、教師が生徒を殴り、校則の厳しい韓国の高校を修京は嫌っていた。だから母と姉と一緒にアメリカへ移住することになったとき、彼女はうれしかった。

「高校の頃から、私はおみやげ屋さんなどで、金曜とか土曜にパートで働いてました。大学の学費が必要だったので、夏休みにはギフトショップなんかで働きました。でもお給料は安くて、時給

▲…ニューヨークのネイルサロン（手代木麻生撮影）

五ドルくらい。宝石とかを売るだけで、店の中にいるのは本当に退屈だったんです」

ネイルサロンの店長をしていたおばから、修京がマニキュアリストの仕事を勧められたのはそういうときだった。スタジオ・アートを専攻し、絵をかくのが好きだった彼女は、ネイルも似たようなものだと思って試してみた。

「一、二年たつと私は仕事がすっかり好きになったんです。続けていると、もっとたくさんお給料ももらえるようになり、私は美容のことが好きになりました。だから今、メークについてもっと勉強したいと思っています」

修京は爪にマニキュアを塗り、眉を細くアーチ型に描いて、自分自身の美容にも手をかけている。そのせいか実際の年齢より、かなり大人びて見える。

爪の手入れには高度な技術がいらない。だから職業として、移民の女性に人気がある。修京の友人で、韓国の広告会社で高給をとっていた女性がいた。しかしアメリカで同じ広告の仕事をしようにも、言葉や文化の壁があってむずかしい。そこで友人は手っ取り早いネイルの仕事を始めた。

「韓国人は手先が器用です。アメリカ人や他の外国人と比べてみてもね。韓国人は覚えが早い。まじめで、気がきき、仕事も早い。仕上がりもきれいだから、客に喜んでもらえるんです」

ついに修京は大学を中退して、フルタイムのマニキュアリストになった。

修京の仕事は手際がいい。台の上に置かれた客の手をとり、やすりを使って爪の形を整える。爪切りは使わない。爪の付け根のあま皮をピンセットできれいに取り、指にクリームをぬってマッサージ。そしてたくさんのカラーの中から、客が選んだマニキュアをぬれば仕上がりだ。修京が働く店では、マニキュア料金を五ドルから設定し、客も気軽に利用している。

「高いマニキュアは五十ドルとか六十ドルとかします。マッサージを長くして、サービスをよくすれば、客はもっとお金を払う。でも私の客は早ければいいんです。安いから、たくさん客が来るんです。

（付け爪を付けている客は）自分の爪と付け爪の間にすきまができて、水を使った後などにばい菌が残ります。だから客は二週間に一度、お店に来る必要があります。爪の状態を点検しないといけません。プラスチックの付け爪は全部ワンサイズ。だから私たちは縁を切って（客の爪に合うよう）爪を作ります」

仕事を持っている客は、サロンに来てマニキュアリストと話すことで、ストレスを解消しているように修京は感じる。実際、客の多くがマッサージをしてほしいと頼んでくる。しかし修京たちはプロのマッサージ師ではない。頭や足を、軽く十分くらい、ほぐしてあげるだけだ。

修京が働く「イブ・ネイルズ」は、経営者も同僚三人も韓国人女性だが、韓国人の客はほとんどいない。イブ・ネイルズのあるクイーンズのリッチモンドヒル地区は、かつてはヨーロッパ系のカトリック教徒が多い所だった。それが一九九〇年代になると、中米のガイアナやトリニダード・ドバゴからの移民が増え、「リトル・ガイアナ」と呼ばれるようになった。彼らは十九世紀半ばから二十世紀の初め、英領ガイアナやトリニダードの砂糖きびプランテーションに出稼ぎに行ったインド人の子孫である。だから一見インド人のように見えても、直接インドから来た人とは話し方や服装が違い、もっとアメリカナイズされていると修京は思った。九〇年代の終わりになると、今度はインドのパンジャブ地方からの移民が目立つようになった。

「初め私は、ガイアナ人やトリニダード人は社交的じゃないと思ってました。でも彼らは大家族で、週末ごとにパーティーです。インド系（ガイアナ人）の女は男に自分をよく見せたい。昔インドの男にはたくさん奥さんがいたので、女は男によくしたいんです。だからいっぱい宝石をつけます。純金しかつけない。二十歳過ぎると銀なんかつけません。でもガイアナ人は純朴。親の言うことを一〇〇パーセント聞く。私ぐらいの年齢でも親の言う通り結婚します。離婚した女の人がいましたが、彼女の相手は親が選びました。一緒に住んだけど、彼女も夫もそれぞれ恋人がいたのに隠してたんです。『なぜ親に言わなかったの。言うべきでしょう』と言うと、『私には選択する余地がなかった。親がすでに決めてしまったから……』と言いました。その親っていうのは七十代、八十代。今は大部変わってきて、アメリカで育った人はそうでもないけど、ガイアナでは今も、保守的な家族がたくさんいるそうです。

イタリア人は韓国人に似て、保守的で一度結婚すると別れたくない。夫は家族のために一生懸命働く。妻は外で働いていても家事をする。こういったことを私は前は知りませんでした」

修京はサロンでは、アメリカ名「ハイジ」を使っている。そして、できるだけ客と対話を持つようにし、質問をして、アメリカそして英語を学んでいる。たいていの客は二週間おきに来るので、家族構成などがわかってくる。アメリカ人は家族について聞かれることを喜び、自分や恋人のことをよく話したがると、彼女は感じている。

「長い付け爪が壊れていた客に、どうしたのと聞いたんです。そしたら、恋人とけんかして壊れた、だから直しに来たと言いました。またある人は長い間お店に来なかった。また来るようになったのは、新しい恋人ができて、おしゃれをしたくなったからだと言ってました」

修京は週に五日働くが、四日で十分だと思う。五〜八月はバケーションの季節。結婚式やパーティーが多いので忙しい。マッサージをし、あま皮の整え、マニキュアをぬる作業は体力を使う。肩や腕が痛んで、数年でマニキュアリストをやめる人もいる。またポリッシュ、グルーといった刺激性の強い薬品でアレルギーになる人もいる。だから客がいないときは、同僚に足の爪先をマッサージしてもらったり、ポケットベルを持って近くの商店街を散策し、気分転換をする。彼女が以前マンハッタンのサロンに勤めていたとき、男性のマニキュアリストが二人いた。男性は女性よりも力があるし、実際器用な人も多かった。サロンは女性の世界なので強盗にも狙われやすく、男性が働いていると防犯にもよかった。

○

ネイルサロンの経営者らが読む月刊誌ネイルズによると、マニキュアリストは全米で三十数万人(一九九九年)。その四分の一をアジア人が占め、ロサンゼルスではベトナム人、ニューヨークでは韓国人が多い。ニューヨーク市のネイルサロンは、八割が韓国人の経営で、韓国人マニキュアリストはおよそ三万いる。「韓国系アメリカ人ネイルサロン・ニューヨーク同盟」は二万人の会員を持ち、フラッシングに本部がある。

また、約五十人が学ぶフラッシング・ビューティ・アンド・ネイルスクールは、アジア系としてはニューヨーク最古のネイルスクールである。韓国人経営のサロンが多いことと、マニキュアリストが免許制になったことが、同スクールの九三年開校につながった。必修クラスは延べ二百五十時間。授業料は千五百ドル。英語・韓国語の他に、中国語、スペイン語、日本語を話すインストラクターもいて、外国人には学生ビザを発行している。

学生の年齢層は二十〜四十代。州の衛生局がおこなう実地と筆記の試験に合格すれば、ネイルサロンの仕事も紹介する。マンハッタンのサロンは若い人を好み、クイーンズは腰を落ち着けて働いてくれる年配の人を求めるとパク校長は語る。マンハッタンでは会社員が、クイーンズでは家庭の主婦が客に多いからだという。

ネイルズ誌の調査では、マニキュアリストの平均週給は四百八十二ドル。しかしこれだけの収入を得るには、長い年月がかかると修京は言う。

「客は現金で払うから、私たちはたくさんもらっているように思われてます。でもプロになるには一生懸命働かないといけない。十年かけてもうまくならない人もいます。最初は週六日働いて百八十ドルくらいしかもらえない。経験がないと何もできない。試しにやったりとか、そうじとか……。だから週給三百ドルとか無理でしょう。少しずつ勉強していくんです。韓国人が経営している店は多いので、仕事を見つけるのは簡単です。新聞の求人広告とかを見ればね。

でも今は競争が大変。ベトナム人や中国人は値段で勝負をかけてきます。韓国人は質のいい仕事をするので競争が嫌い。でも同じことをやるのなら、客は安い店へ行きます。

高級店はマンハッタンに多いです。インテリアをよくしたり、毎週花を変えたり、季節ごとに模様変えをしたり、お金をかけてます。マニキュアで四十ドルもチャージします。店の人のマナーもいいし、コーヒーを出して、テレビも見れる。時間をかけてサービスします。二週間ごとに来る客は、自分の用具を一式持っています。その方が衛生的にもいいので」

修京の目下の夢は、そういう豪華なサロンの店長になることだ。

○

韓国から家族ぐるみの移民が増えたのは、一九六五年以降のことだった。人口統制の一環として、韓国政府が海外移住を奨励したこともあり、その数は七〇〜八〇年代に激増する。七六年にアメリカの法律が変わるまでは、医者、看護婦、薬剤師などのプロフェッショナルが、それ以降は学歴も財政事情も異なるさまざまな人が来て、クリーニング店、レストラン、果物屋、ネイルサロンなど、商店の経営者が多くなっている。しかし、貯金を使い果たし、家族から借金をして商売を始めても、小さな市場での競争は厳しく、家族総出で、長時間・無給で働いているケースも多い。

韓国人は、黒人やラテンアメリカ人居住区に店を出す。白人区域よりも家賃が安いからだ。しかし文化の摩擦はどうしても起きる。韓国人がおつりを手渡さずにカウンターに置けば、客は乱暴だと勘違いする。地域住民を雇わずにいると、金もうけばかりしていると陰口をたたかれる。黒人の中には、韓国人がすぐ店を出せることにしっとする人もいる。

九〇年一月、ブルックリンのフラットブッシュ地区で、韓国系商店と黒人客の対立が起き、韓国人経営の八百屋が、一年間も住民の不買運動の標的になった。客側と店側の言い分は、まったく異なっていた。ハイチ人の女性客は、韓国人の店員に首をつかんで殴られ、床に倒れると別の店員から脇腹をけられ、その後遺症として頭痛が続き、五か月間働くことができなかったと言っていた。

一方、店側の言い分は次の通りだった。女性客は三ドル相当の買い物をしたが、レジで二ドルしか出さなかった。女性がバッグの中を見て金を探していると、レジを待つ客の列が長くなった。店員は次の客の応対をした。すると女性は怒って、店員に唐辛子を投げ付けた。店員も唐辛子を投げ返すと、女性は唐辛子の箱を床に落とし、店員の顔につばをはいた。店長が止めに行くと、女性は一人で床に寝そべり、他の客が女性の味方についた。店員の一人が、通りの反対にあるもう一つの韓国人の店に助けを求めに行くと、その店もボイコットの対象になる。

フラットブッシュは黒人居住区だが、韓国人は黒人客を尊敬していないと感じていたことが、住民の怒りを招いたと指摘する人もいた。翌日から数十名が二軒の店の前に陣取って、店の閉鎖を求めるデモを繰り広げた。不買運動への参加者は日を追うごとに増え、買い物客を罵倒し、買い物をさせないようにした。

裁判所に訴え出た店は、デモ参加者は、店の入り口から十五メートル離れた所に立つようにという裁定を勝ち得た。しかし、警察がデモの参加者を取り締まることはなかった。ディンキンズ市長の指揮力にも批判が集中した。八月、市長任命の委員会が発表した報告書には、この事件は人種の対立ではないとまとめられていた。九月におよそ一万のアジア人が、人種間の融和を訴える集会を市庁舎前で開くと、その数日後、市長は二軒の店に出向いて買い物をした。黒人市長の、あまりにも遅い対応だった。

4――プラネット・ハリウッド対プラネット・タイランド

アメリカでコメの栽培が始まったのは、十七世紀のことである。マダガスカルから来た船が、嵐を避けるために、東海岸のサウスカロライナに停泊し、船長がコメの種を土地の人にあげたのがきっかけだと言われている。一方カリフォルニアでは、十九世紀半ばにゴールドラッシュが起こり、四万の中国人労働者に対応するため、サクラメントの農民がコメをつくるようになった。

二〇〇〇年の世界のコメ生産量予測は五億八千万トン。その九〇パーセントが、中国、インドなどのアジア諸国で栽培され、アメリカ産は二パーセント以下の八百六十万トンにすぎない。それでも一九九〇年代には生産が伸びて、九七年は七二年の二倍となっている。主な産地は、アーカンソー、カリフォルニア、ルイジアナ州などで、品種もタイのジャスミン、インドのバスマティ、イタリアのアルボリオ、日系のコクホウローズなどさまざまだ。

アメリカ人一人当たりの消費量は、年間およそ十二キロ。消費が増えてきたのは、コメを主食とする中南米、カリブ海、アジアからの移民が急増しているからだ。それぞれの民族の胃袋をまかなう食料品店はもちろん、いわゆる一般のスーパーにも、大きなコメ袋が置かれるようになった。また穀物は体にいいと言われてきたことも、消費の拡大につながり、高脂肪、高カロリーだったアメリカ人の食生活も、健康指向に変わってきている。

そういう風潮の中で、アジア料理がもてはやされている。アジアの料理は味が豊かで、脂肪分・カロリーが少なく、材料も魚介類、豆腐、鳥肉、卵、野菜というように、栄養のバランスがいい。アジアの料理本の売り上げが増え、カレー、寿司、チャーハンなどが、一般家庭でも作られるようになった。マンハッタン、クイーンズ、ブルックリンのチャイナタウンは、週末になると中華レストランで飲茶を楽しむ家族連れでごった返す。クイーンズのジャクソンハイツ地区にはインド系のレストランや喫茶店が集中し、エンパイア・ステートビルのそばのコリアタウンには、二十四時間営業の焼き肉店が多い。またニューヨークの郊外にも、中国、韓国、日本料理などを出すバイキング・レストランもオープンするようになり、アジア系以外の客にも人気がある。

九八年二月にニューヨークのアジア協会で、「太平洋の交差点。アメリカのレストランへのアジアの影響」というパネル・ディスカッションがおこなわれたのも、この風潮を背景にしてのことだった。パネリストは、料理番組のホスト、三つ星の等級を付けられたレストラン経営者、シェフなどの七人。この三十年間に、アジア料理はアメリカ人の食生活に影響を与え続け、八〇年代後半には、エスニックではなく、メインストリーム料理になったと語る人もいた。アメリカ人は量の少ない料理も受け入れ、盛り付けの美しさを楽しみ、はしを使う人がも増えてきたのもその表れだという。

九〇年代のレストラン業界では、アジアとヨーロッパ、中南米の食料をミックスした「フュージョン（融合）」料理がもてはやされた。しかしパネリストたちは、フュージョンよりも、東洋と西洋が出合った料理という呼び方を好むと言った。メニューも、東西の料理のテクニックを取り入れ、マルチ・カルチャーになっている。

アジア系のレストランでも、中国、日本、インドなどに比べると、フィリピン、インドネシア、マレーシア、ビルマ、スリランカ、チベットなどは数がまだ少ないが、タイ料理は人気のエスニック料理として、ニューヨーカーの間に定着しつつあるようだ。

○

ニューヨーク市ウイリアムズバーグ地区はアーティストの町で、かつて倉庫や工場に使われていたビルの中を、アーティストたちが住居やアトリエに改造し、創作活動をしている。高層ビルもなく、歩行者も少なく、一見さびれた感じのする町並である。その一角の、地下鉄の駅を上がってすぐの所に、九四年に開店したタイ・レストラン「プラネット・タイランド」がある。テーブルと椅子が細長い店の中に所狭しと置かれ、裸の扇風機が二つ天井からつるされ、笑顔の少ないウエイターやウエイトレスがいつも忙しそうに働いていた。レストランの入り口の壁は、地域住民の掲示板として利用され、いらなくなった家具を「売ります」といったちらしなどが貼られていた。入り口には、席があくのを待っている客がよく立っていた。レストランの中の壁にはアーティストの絵が

▲…プラネット・タイランドのオーナー、デイビッド（手代木麻生撮影）

何点か掛けられ、作品は毎月変わった。
プラネット・タイランドの人気は、味のよさと手頃な値段にあった。オーナーのデイビッド・ポパームへム夫妻は、ブルックリンの別の場所で「タイ・カフェ」を経営していたが、ウイリアムズバーグからも客が結構来ていたので、新しいレストランを開いたという。
ところが九五年頃から、この新しい店は、映画スターが出資するテーマ・レストラン「プラネット・ハリウッド」から文句を言われるようになった。「あなたたちの店は、プラネット・ハリウッドの知名度を利用しているから、店の名前を変えなければ、レストランの売り上げ記録を提示せよ」と、テーマ・レストランの弁護士に脅されたのである。
「レストランを開くとき、プラネット・ハリウッドのことは頭にはありませんでした。名前は友人が考えてくれたんです。皆、（プラネット・ハリウッドは）そんなことはできないと言ってくれましたけど」と、デイビッドは語った。タイランドの常連客は、弱い者いじめと取った。

ニューヨーク・タイムズ紙が、九六年にそのいきさつを記事にすると、スー・アン・チュイと名乗る読者は、「貪欲なプラネット・ハリウッドが、私のお気に入りのプラネット・タイランドをまだいじめているのに憤慨している。アーノルド（・シュワルツネッガー）、ブルース（・ウイルス）、（シルベスター・）スターローン、あるいは弁護士がプラネット・タイランドに行けば、そこがプラネット・ハリウッドとどう違うかわかるはず」と投書した。マンハッタンのプラネット・ハリウッドは、高級ブティックが建ち並び、ニューヨーク市でも一、二を争う地価の高い五十七ストリートにあった（二〇〇〇年にタイムズスクエアに移っている）。

デイビッド夫妻が取った苦肉の策は、名前を「プラン・イート・タイランド」と少し替えることだった。パステルカラーの質素な看板もそう書き替えたが、それも近所のアーティストが作ってくれたものだった。

それでも客足は遠のかず、レストランの繁盛で資金を十分に築いた夫妻は、九九年の夏、旧店舗のすぐそばの千五百平方メートルの敷地へ、プラン・イート・タイランドを移した。新しい店は、大きな倉庫を改装した「く」の字型の間取りで、出入り口は十字に交差するストリートに二か所ある。バー・カウンターもそれぞれの入り口に二つあり、若くてハンサムなバーテンダーを雇っている。ゆったりした感じがするのは、天井が高く、敷地面積が旧店舗より十数倍広くなっても、席数は数倍の百四十しかないからだ。煉瓦をはめ込んだ壁にも、アーティストの絵が掛けられていた。

▲…新しいプラネット・タイランドの店内（手代木麻生撮影）

かつての「食べる」ことが主体だった店を、「料理も雰囲気も楽しめる」店に変身させることにデイビッドは成功した。ウエイトレスやウエイターにも、笑顔、そして余裕が見られるようになった。

「私たちは三百六十五日オープンしています。客の入りは昼間はまあまあですが、夜は並んで待っている人がいます。夜はディスク・ジョッキーもやってますよ。はやりの歌をかけています。週末になると、マンハッタンのビレッジあたりから来る人が多いです。お客さんは、やっぱり若い人が多いですね」

そう言うデイビッドも、レストランを開くことを夢見て、タイからアメリカへ来たわけではなかった。七〇年代の末から、ニューヨークのレストランを転々としながら働き、調理の仕方もそのときに学んだ。レストランの同僚だったイタリア人のアナと結婚し、子供も生まれた。ブルックリンに住んでいたので、ポーランド系の多いグリーンポイントに「タイ・カフェ」を開き、ヒットした。

デイビッドの二十数年の滞米生活で、アジア系レストランの数は増え、以前彼の所で働いていた従業員も、タイ・レストランを開くほどになっている。しかし彼は、よその店のことは気にならないと言う。

「ここのレシピもすべて私が作っています。ですから私の味は甘くないんです。私は日本料理レストランで働いたことがあるんです。今回日本料理を取り入れたのは、私は日本料理が好きだし、よく食べに行っていたからです。日本料理は素晴らしいですよ」

デイビッドの新しい店には寿司職人がいる。旧店舗と同じように、彼は調理場を客が見渡せるようにオープンにして、清潔感をアピールしている。新しい店ができて二か月になっていたのに、入り口にはまだ看板が掛けられていなかった。しかしメニューの屋号は、「プラネット・タイランド」と印刷されていた。

「彼らが倒産したので、元の名前に戻したんですよ」

デイビッドは誇らしげだった。プラネット・ハリウッドが九九年に破産宣告を出したからだ。

第2章　人種の違う男性を伴侶に持ったとき

▲…韓国人女性の救済施設が開設されたフラッシングのコリアタウン

1――留学の寂しさを紛らしてくれた白人の恋人

一九八六年の夏、日本人留学生の青木牧子（仮名）は、コロラド大学のカフェテリアでアルバイトをしていた。ある日、スプーンやフォークを水切りのかごに入れていると、アルバイト仲間の男子学生に、「今夜どっかへ行かない」と声をかけられた。牧子は軽い気持ちで「オーケー」と返事した。彼女にとって「どこかへ出かける」というのは、大勢の寮友と一緒にバーなどへ繰り出し、楽しく騒ぐことだったからだ。アメリカに来てまだ一年にもならない牧子には、二人きりという発想は頭になかった。だからルームメートに、「それはデートの誘いよ」と言われたときはびっくりした。

実際ルームメートの言った通りだった。牧子はウィルに好感を持った。彼は考え方が柔軟で、人を抑圧するようなタイプではなく、牧子が常識はずれのことを言っても驚かなかった。彼女が、将来は他の大学に移って勉強を続けるかもしれないと言うと、自分も一緒に付いて行って、そこで仕事を探すと言った。牧子より一つ年下で、航空宇宙工学を専攻し、科学小説を書いて雑誌に投稿し、二百ドルもらったと喜んでいたこともある。

牧子にとって、ウィルは初めて性的な関係を持った男性だった。彼女は、「日本に帰ったら困るなあ。だれも私と結婚したがらないんじゃないかしら」と不安になった。性的にいろんなことを知っている女性を、日本人の男性はよく思わないのではと感じたからだ。それをウィルに話すと、彼は「じゃあ、ぼくと結婚する?」と言った。牧子は深く考えずに、軽い気持ちで「オーケー」と返事した。「本気?」ともう一度聞かれたので、「もちろんよ」と答えた。翌日彼は両親に電話して婚約のことを知らせた。

プロポーズされたとき、牧子は結婚のことをあまり真剣に考えていなかった。卒業までは一年半もあり、結婚はまだまだ先のことだと思っていた。彼女にはおばが四人いたが、三人は独身だった。おばたちの生き方にもあこがれ、特に結婚にすがりつきたいとも思わなかった。結婚しても、自分のやりたいことを優先させたかった。「もしきみが日本に行くことになったら、ぼくも付いていく」とウィルは言ってくれた。

日本の結婚は家族として一つになる感じだが、アメリカの結婚は恋人関係の延長のようだと牧子は思った。そしてウィルの両親の結婚の形を見ていたので、余計気が楽だった。彼の父親はデンバーで会社を経営。母親はコンピュータ・プログラムのコンサルタントとしてニューヨークに住んでいた。毎日電話をかけ合っていたが、それぞれ自由な生き方をしていたからだ。

牧子は十一歳で父親を亡くし、だれにでも死が訪れることを悟ってからは、「どうしても安心できない。自分で食べる分は自分で稼ぐのが当たり前」と思って育った。父の死後、母は働きに出たが、労働者災害補償保険がおりるのに一年もかかったので、彼女は大学にも行けなくなるのではと心配した。

彼女は日本の母にはウィルとの交際を隠していた。留学して最初のクリスマスは、十四歳のときにホームステイをしたホスト・ファミリーと一緒に過ごしたが、翌年はウィルの両親の家へ行った。母とクリスマス・カードを交わしていたホスト・ファミリーは、「今年は牧子が来ないので寂しい。彼女は今年はフィアンセの家に行った」というメッセージを入れたので、婚約のことがばれてしまった。母のショックは相当なもので、牧子がもう結婚してしまったかのように慌てた。母は牧子に、「落ち着いて考えなさい。あなたはまだ若いんだから」とさとした。

英語のわかるおばがウィルの手紙を読み、母は少し安心したようだった。ウィルは、自分の専攻、将来のこと、なぜ牧子と結婚したいのかなどを書いて、「若いのにしっかりしている」という印象を母は持ったようだった。翌年母と兄がコロラドに来て、ウィルと彼の両親に会った。

そして牧子たちは、八八年五月、大学卒業の直後に式を挙げた。日本からは母、兄、おばが、そしてコロラドのホスト・ファミリーも参列した。挙式はコロラドスプリングスの教会で、披露宴はウィルの両親の家でやった。新婚旅行はひと月くらい日本で過ごした。ウィルは日本を結構気に入って、新幹線を好きになった。別府温泉では、手振り身振りで日本人と長話をし、のぼせてしまったこともある。

コロラドに帰ると、ウィルは航空宇宙関係の企業に就職し、牧子たちはデンバーのアパートで暮らし始めた。二人の間には食べ物の好みの違いはあまりなく、彼は朝から納豆や味噌汁を食べ、寿司も好きだった。たまに彼が料理をすると、サラダ・ドレッシングで炒めたり、白菜をそのままサラダで出すこともあった。

牧子も福祉施設で働き始めた。そこには脳に強度の障害を持った児童――手話を使える子が一人、何人かは歩けなかったり目が見えなかったりで、親が家で世話をすることができない子供たち――が八人住んでいた。大学院でカウンセリングを学ぶには、そういう実習を積んでおく必要があった。牧子が大学院に行こうと決めたのは、心理学の学士号だけでは就職先が限られてしまうからだ。

一年後、牧子はコロラド・ステート大学の大学院に入学し、奨学金をもらい、一か月八百五十ドルの手当も支給された。平日は大学のある町で暮らし、週末だけ百二十キロ離れたデンバーに戻ってウィルと過ごした。

牧子の人生観が変わったのはその頃だった。民族のアイデンティティーや社会差別をテーマにしたセミナーを受講して、アメリカ社会で何が起きているのか、何もわかっていなかったと気付かされたのである。そして自分自身についても深く考えさせられた。「私はアメリカの主流派（マジョリティー）に近づこうと頑張りすぎて、自分らしさをなくしているのではないか」と……。

ウィルの家族はアイルランド系で、進歩的、インテリぶったところがあった。母親がアメリカでは皆が歓迎されると言っても、それは「中国人移民がチャイナタウンに住んで固まっているだけではだめ。主流派に同化しないといけない。そうしてこそ歓迎される」という意味だった。ウィルの姉は、牧子が結婚式の前日に友人と日本語で話をしていると、「英語で話したら」と言った。姉には英語以外の言葉で話されるのが耐えられなかったのだ。姉が南米へ旅行に行くと聞いたとき、牧子が「スペイン語を話せないと大変ね」と言うと、「あの人たちが英語を話すから心配ないわ」という返事がきた。

白人は他の人種の文化を知らなすぎると牧子は思った。ウィルにマイノリティーのことを話すと、「もう人種差別なんかない」と返された。「マイノリティーはお金がなくて学校に行けない」と牧子が言うと、「ぼくは信じない。お金がなくてもちゃんとやっている人がいる」と、軍隊に入り、その後軍の奨学金制度を利用して大学に行った友人のことを話した。しかし彼は中流階級の白人で、マイノリティーとは状況が違っていた。

表面上は人種差別がないように見えるアメリカ社会でも、白人と黒人の居住地域は分かれている。だからマジョリティーである白人は、周囲が同じように見えて、マイノリティーの世界が目に入らない。それでも「現実にそういうことは起きている」と話ができるマジョリティーもいる。

一口に偏見と言っても、はっきりとした形で出てこないことがある。ウィルの偏見は、すぐにそれとわかるようなものではなかったし、「ぼくは人種差別者じゃない。きみと結婚しているじゃないか」と言った。

しかしマイノリティー問題に対するウィルの反応を、牧子は次第に許容できなくなっていた。彼女自身も、彼にわかってもらう努力をしなかった。心のどこかで、「もしうまくいかなければ彼から去ろう」と考えていた。牧子は人を好きになるときはいつも受け身だった。留学して最初の一、二年は、言葉や文化の違いに直面し寂しかった。その寂しさを埋めてくれるウィルの優しさに、自分は満足していただけだと思った。

「離婚したい」と切り出したのは牧子の方だった。ウィルは理由がわからず苦しんだ。精神的な支えが欲しいときだけ、自分と一緒にいたかったと思ったのだろう、牧子はウィルに、「きみはぼくを利用した」と言われた。

別れると決めてからは事後処理が大変だった。話し出すとけんかになり、交渉する余地がなかった。だから、それぞれの弁護士に依頼して交渉を進めた。二人の所持品をすべてリストアップし、私はこれを取るから、あなたはあれをというように、バランスを図った。新車と家は二人の名義で買っていた。ローンなど払えない牧子は、車さえもらえればいいと思った。二人名義、個人名義の貯金をどうするか、母が牧子のために貯めていた金をウィルが半分欲しいと言ってきて、彼女がそんな要求には応じられないと突っぱねたり、どこで線を引けばいいのかわからなかった。

弁護士が結婚解消の布告を州の裁判所に提出して離婚が成立したのは、離婚を決意してから五か月後。二年間の短い結婚生活だった。

牧子が通っていた大学院は五年間のプログラムだった。四年目を終えたとき、彼女はすでに修士号を取得していたので、大学に二年間休学させてほしいと頼んだ。離婚の後始末や車の追突事故、勉強疲れなどが重なっていたからだ。

離婚して一年後、牧子は日本人留学生と付き合ったことがある。大学院在学中も、彼女は週に十数時間、福祉施設で研修生として働いていたが、彼とは仕事を通じて知り合った。彼がロサンゼルスの大学の博士課程に進む予定だったので、牧子も一緒に行くつもりでいた。しかし牧子はふられた。それからシアトルで一年ほど仕事をし、コロラドに戻ったが、大学院には復学せず、ニューヨークに行くことに決めた。世界各地からの移民が移り住んでいるニューヨークは、エネルギーに満ちあふれ、学べることがたくさんあると、彼女は旅行で来たとき感じていた。

ニューヨーク・タイムズ紙はコロラドでも買うことができたので、牧子は求人広告を見ていろんな所へ手紙を書いた。また九五年八月に、ニューヨークでアメリカ心理学協会の学会が開かれる予定だったので、各機関に就職の面接をしてほしいと手紙を出した。学会に行けば人と知り会えるし、どこにどういう機関があるかもわかり、自分の履歴書をばらまく絶好のチャンスだと思った。

そして彼女は、ニューヨーク市の女性用ホームレス・シェルターに、カウンセラーとして採用された。そこは重度の精神障害をもつ女性が、普通の家に移るまで四〜六か月間を過ごす家で、彼女は八人を担当した。

しかし牧子は仕事に不満足だった。給料の安さばかりでなく、白人が運営する所で働くと昇進もむずかしく、言葉のハンディー、アジア人・女性であることも不利だと感じた。約四十人の入居者の大半が黒人やラテンアメリカ人なので、職員にもマイノリティーを増やすべきという話が出たとき、白人の副所長は、マイノリティーは資格不足というコメントをした。上のポストに空きが出ても、マイノリティーを雇わないから、上下間のコミュニケーションがうまくいかないと、牧子は白人の所長に訴えたことがある。彼女は「文化的な違いを埋めるのはマイノリティーの方から」という考え自体が、人種差別と思っている。マジョリティーはマイノリティーに寄り添うことを知らず、マジョリティーから疎外され、悔しい思いをしている人はたくさんいる。

結局牧子は仕事をやめ、九八年の夏にボストンに移った。そこで働くことが決まっていた恋人と結婚するためだった。黒人の彼はボストン郊外で育ち、ニューヨークのロー・スクールで学んだ。卒業式には離婚している両親も駆け付けた。ウィルと別れた後、黒人のクラスメートと仲よくなったことが、新しい恋人に心を開くきっかけになったような気がする。彼女の方でも、マジョリティーの中でしか生きたことがない人と、付き合うことは考えられなくなっていた。

ウィルと別れてから十年がたち、牧子は好きな人と同じ場所にいるのが大切だと思えるようになった。二十代の初めは、人に心を開くのがこわかった。年齢を重ねるにつれて余裕ができ、楽な気持ちで恋愛ができるようになった。だから彼に、「ボストンに引っ越すけど、きみはどうする」と聞かれたとき、「もちろん一緒に行くよ」と答えた。彼は牧子より七歳若く、親が離婚しているため、カップルが長く続くことが実感としてわいてこないと言う。それでも牧子たちは、将来のこと、子供のことなどを話し合った。

牧子が休暇で日本に帰ったとき、母親から「黒人とだけは結婚しないでね」と言われたことがある。彼のことを話し出すと話をそらし、「今度も続かないんじゃない」と皮肉った。母にはわかって欲しいと思っても、わかってくれるまで説明し続けるつもりはない。アメリカの人種差別観を「直輸入」している母の偏見を、すぐに変えられるとは思えないからだ。それでも一緒になれば、その状況にも慣れ、母も自分の結婚を許容するようになるのではないかと期待している。

多民族国家のアメリカでも、市や町の結婚ライセンス所に行けば、白人は白人、黒人は黒人、アジア系はアジア系というように、同じ人種のカップルが列を作っていることが多い。テレビや映画、そして町中で見かけるカップルも、たいていは同年代、同人種がペアとなっている。しかし、異人種同士の結婚は増え続け、多文化の理解者と言える子供たちが次々と誕生している。

一九九〇年の統計によれば、五千百万カップルの中で、百五十万カップル（三パーセント）が異人種と結婚し、一九六〇年の十倍増となった。五十州中、最も人口の多いカリフォルニアでは、異人種間の結婚は全米平均の二倍になっている。そのカリフォルニアも、一八八〇年から一九四八年までは、異人種同士の結婚を認めていなかった。

異人種間の婚姻率が最も高い人種グループは、アメリカ・インディアンで、次がアジア系になっている。とりわけアジア系の上昇率は著しく、その相手のほとんどが白人だ。日系人女性には白人男性と結婚する人が多く、日系人男性が白人女性と結婚する率の倍以上である。マジョリティーの白人が異人種と結婚する割合は小さく、マイノリティーの黒人女性になると、さらに小さくなっている。

2——アメリカン・ドリームを信じたＧＩ妻

アメリカが第二次世界大戦や朝鮮戦争などに荷担したことで、アジアにはたくさんのＧＩ（米兵）妻が生まれた。韓国人の場合、その数は二十万以上と言われ、六〇年代にアメリカへ来た韓国人移民は、その七割が女性だった。アメリカ軍は朝鮮戦争が休戦となっても韓国に駐留を続け、現在もおよそ三万七千人がいる。

そういう兵士たちの大半は未婚の男性で、基地周辺には彼らを目当てにした歓楽街ができ、韓国人女性がウエイトレスやホステスとして勤めに出る。そういった出会いで恋が芽生え、兵士との結婚に踏み切る女性も出てくる。彼女たちに七面鳥の焼き方や、アメリカ式マナーを教える「花嫁学校」まで開校している。

一方、兵士たちもある程度の準備をしてから韓国にやって来る。

「私たちは海外に派遣されるとき、アメリカでもまた赴任地でも、その国についてのガイダンスがあります。韓国にいるアメリカ兵のほとんどは基地周辺にとどまって、兵士相手のクラブとかバーに出入りしますが、私はそういう所よりも、もっと韓国人の行く村のマーケットなどに出かけていました」

こう語る黒人兵トニー・ベイカーは、レストランで働いていたスクに会い、二人は七八年に結婚した。

「私が彼と結婚したいと初めて両親に告げたとき、親は私のことを理解しようとしませんでした。聞きたくもなかったんでしょう」

スクは言った。

韓国人は国際結婚に強い偏見を持っているとトニーは感じた。しかしそれは韓国社会だけに限らず、どの社会にも「社会の顔」と「個人の生活」があり、黒人社会でも異人種と結婚する人をよく思わない。社会の中で防衛本能が働くのだろうが、社会にどう見られるかよりも、夫婦そして家族が満足できれば彼には十分だった。

アメリカに戻って、ニューヨーク市のフォート・トッテンに駐屯していたとき、トニーはニューヨーク神学大学に通い始めた。父親がメソジスト教派の牧師だったからだ。そして軍人生活に二十年でピリオドを打ち、牧師の職をスタテンアイランドにすんなりと見付けることができた。日曜日には説教をし、結婚式や葬式のサービスも手がけ、多忙な日々を送っている。

スクは子供二人を育てながら、もっぱら主婦業に専念してきた。アルツハイマーの義母の世話もした。アメリカは素晴らしい所だと思って来てみたが、住んでみるとそうでもないことがわかった。

▲…結婚20周年を迎えたスクとトニー

人間はどこに住んでいても、所詮皆同じだと思えるようになった。

　アメリカに来てもスクがあまり寂しい思いをしなかったのは、トニーの協力があったからだ。彼はできるだけ妻とコミュニケーションを持つようにし、スクも相手を理解しようと努力した。スクの英語を上達させるために、家の中ではハングルをやめ英語を使っているが、韓国料理は食べるし、靴を脱ぐなど、韓国文化は保っている。

　九五年に移り住んだスタテンアイランドは、夫妻にとってはまったく新しい環境だった。基地の中で暮らしていたときは、「守られている」という意識が常にあった。ところが民間人になると鍵一つ隔てたところに「外界」が存在し、自分たちの身は自分たちで守るしかないと再認識させられたからだ。

　マンハッタンやクイーンズと違い、スタテンアイランドには韓国人移民は少ない。それでも牧師が韓国人という教会はあるが、スクはトニーの教会に通う。無宗教だった彼女は夫の影響を受けてクリスチャンになった。

○

アメリカ兵の妻となった韓国人女性は、自分たちの団体を作ったりして、一般の韓国人移民とは交わらない。それは韓国社会の中に、アメリカ兵とつきあう女性を、「アイ・ラブ・アメリカ・ガール」とうとんじる風潮があるからだ。スクのように理解ある夫を持つ人は恵まれている。しかし言葉や文化の違いから、家庭内暴力、離婚、貧困、薬物やアルコール中毒、ホームレス、売春へと、劣悪な状況に落ちていく女性もいる。

九三年にクイーンズのフラッシングにオープンした「レインボーセンター」は、そういう女性たちの救済団体である。韓国人女性は、性差別、階級差別、人種差別という三つの「原罪」に悩まされてきたと語るハン・ヘナ・ヨクムヒャン所長は、ナッソー郡のレインボー教会の創設者で、教会はレインボーセンターがオープンするまで、「フランス釈放キャンペーン」の中心団体だった。

八〇年に韓国に駐留していたアメリカ兵と結婚し、夫の国に来たチョンサン・フランスは、やがて暴力を振るう夫と離婚した。ノースカロライナ州のモーテルに住んで、夜はバーで働きながら幼い子供二人を育てていた。しかし八七年、働きに出ている間に、二歳になる息子がテレビの下敷きになって死亡する。チョンサンは留守中に子守を付けることもできなかった。

英語を流ちょうに話せない彼女に、法廷通訳が付けられることはなかった。彼女は母親として罪の意識にさいなまれ、儒教的発想から「私のせい」と言うと、息子の死の責任を認めたかのように取られてしまう。そして第二級殺人（前もって計画していたが、必ずしも殺意があったわけではない）と幼児虐待で有罪が確定し、二十年の禁固刑が言い渡された。チョンサンを救済するために作られた「フランス釈放キャンペーン」は、在米韓国人教会、韓国の国会議員、女性団体などに手紙を出して支援を求めた。やがて事件はノースカロライナの州知事の目に止まり、特別ヒアリングが開かれる。支援者がソウルから呼んだチョンサンの兄が、妹は殺人を犯すような人間でないと証言し、釈放キャンペーンの一人が米韓の文化の違いを指摘したことなどによって、彼女は九二年十二月に釈放される。

チョンサンのようなＧＩ妻に興味を持ったのが、ドキュメンタリー映画の制作者・朴恵正《パク・ヘジョン》だった。彼女はニューヨークの韓国系新聞で、女性たちの悲惨な状況を知った。夫に殴られて病院に運ばれたり、差別に耐えかねて家を出たり、夫がドラッグ常用者になったりする韓国人女性がいることを初めて知った。

そこで恵正は、九三年夏、韓国に帰り、米軍基地周辺で働く女たちを約二か月間取材した。そして、彼女たちが、貧しさに加え、処女神話と儒教思想の根強い韓国社会から逃れるために、アメリカ兵と結婚したことを知る。実際、多くの女性がレイプされた経験を持ち、韓国人とは無理でも、外国人となら結婚できると信じていた。韓国の男は、娘には純潔を説きながら、自分は女遊びをしても構わないというダブルスタンダードを持ち、韓国人女性も、基地周辺で働く同性を自分とは違う部外者（＝ウイメン・アウトサイド）と見ていると恵正は感じた。そういう環境で育った彼女も、小さい頃、米兵と一緒に歩いている女性は、皆売春婦だと思っていた。

米兵と韓国人女性の結婚にさまざまな問題があることを、彼女は改めて知らされた。しかし最大の問題は、国家の力関係が夫婦関係にそのまま影を落としていることだった。アメリカは朝鮮戦争

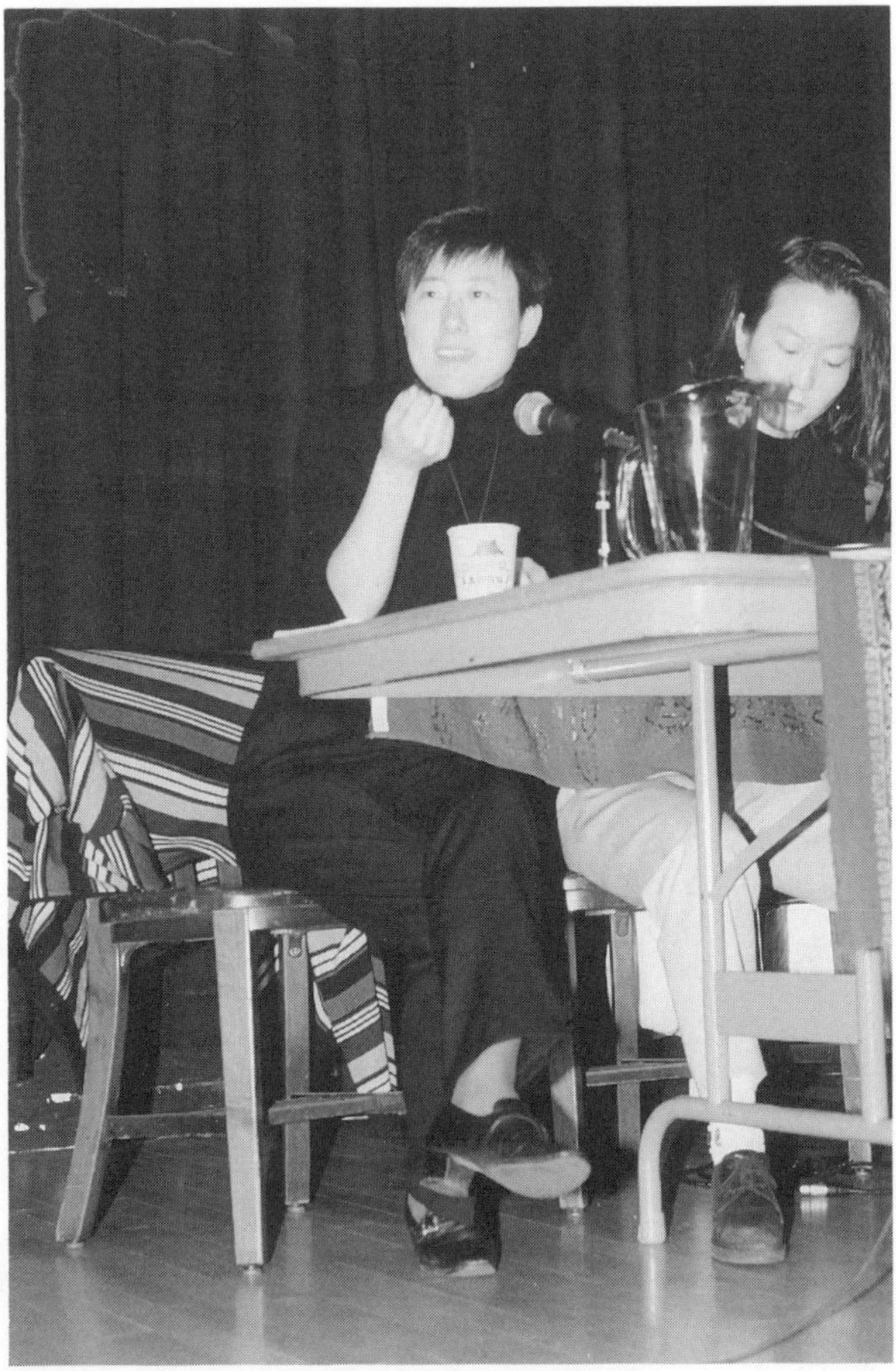

▲…『ウイメン・アウトサイド』を制作した朴恵正

の指揮を取り、韓国を幼弟のように扱い、いつも下に見る。そして第三世界の女性に対する人種差別も、それに重なっているように感じた。

韓国では一九四五年から、米兵による犯罪が日に五件起きていると言われてきた。中でも九二年の尹今伊《ユン・グミ》の殺され方は残虐だった。頭を何度も殴られ、ビール瓶二本が子宮に、コーラ瓶が膣に入れられ、直腸にはかさの柄が差し込まれていた。それでも韓国は、容疑者の米兵を自国の法廷で裁くことはできなかった。

そういう軍事協定の保護下にある兵士は、韓国でちやほやされる。これは彼らにとっては初めての経験だ。しかし彼らがアメリカに帰れば特権階級でなくなる。実際アメリカ兵の多くが、離散家庭で育ったり、いろんな問題を抱え、社会の犠牲者だった。

恵正が映画制作に踏み切ったのは、自分がかつて女性たちに持っていた偏見を恥じたことと、「あなたの息子、父親、親戚が海外で何をしているか。そしてそれがその国のコミュニティーにどんな影響を与えているか」を、アメリカ人に教えたいという気持ちからだった。

『ウイメン・アウトサイド』は九六年に完成。公共テレビで放送され、サンフランシスコ、ワシントン、ニューヨークなどで上映会がおこなわれた。映画は暴力を振るう夫と別れた女性が、韓国に戻って米兵と再婚し、ハワイに移り住んで、生まれてくる子供に夢を託すところで終わっている。映画への批評として、「悪いケースばかりを選んでいる」、「韓国の恥さらし」、「ハッピーエンドすぎる」などがあったが、恵正が伝えたかったのは女性たちが闘い続けている姿だった。

沖縄出身の米兵妻、約八十人をインタビューしたジャーナリスト澤岻《たくし》悦子は、ニューヨークの上映会で映画を見て、韓国では沖縄に比べ、アメリカ兵と結婚する人が非常に多いことに驚き、アメリカと韓国の経済格差は、六〇年代の沖縄の格差に近いようだと感じた。

「映画はGIとの結婚で発生する問題を一つ一つ追っていて、とてもよくできていました。女性たちは家族を支えるためにバーで働くなど、決してアメリカも居心地がいいだけの所ではなかったのです。

アメリカ人は正直で、『きみを愛している』とはっきり言う半面、別の女性を好きになると簡単に離婚もする。『愛していない』と放り出されたGI妻に対する、アメリカと韓国双方の社会にある差別や偏見をよくとらえていたと思います。

沖縄に駐留しているGIの九〇パーセントが海兵隊です。陸軍の多い韓国とは状況も違うと思います。海兵隊員には貧しい人が本当に多いんですよ。黒人やヒスパニック（ラテンアメリカ系）などの移民が、市民権を取る目的とか、GIであることのベネフィットを当てにして志願する。

一方、彼らと結婚する沖縄女性には英文科などを出た大卒が多く、学歴の格差など今度は別の問題も出てきています」

かつては沖縄の女性もアメリカン・ドリームを信じた。職業はともかく、経済的に豊かな国の男を夫に持てば、貧困から逃れられたからである。

第3章　第三のマイノリティーの社会的地位

▲…「アメリカの強制収容所」展を見る人々（1999年）

1――野球バットで殺されたビンセント・チン

その日ビンセント・チンは、夜七時頃家に帰って来た。

「あら、ずいぶん早いのね」

いつもは九時ぐらいになる息子にリリー・チンは聞いた。

「クラブに行こうと思ってね」

二十七歳になるビンセントは、二日後に結婚式を控え、独身生活最後を飾るパーティーに誘われていた。

「あんまり遅くなってはいけないよ。あんたはもうじき結婚するんだから、もうそんな所へ行くんじゃないよ」

「わかったよ、かあさん。これが最後だから」

ビンセントは意気揚々として、クラブ「ハッピー・パンツ」へ向かった。

彼は三人の友人と、薄暗いバーの中に席を取った。数人のトップレス・ダンサーが踊っている中で、彼は黒人ダンサーに声をかけ、彼女のバタフライにチップを入れようとした。

彼のそばに白人の親子――ロナルド・イーブンズ（当時四十四歳）と、マイケル・ニッツ（妻の連れ子で二十五歳）――が座った。イーブンズも黒人ダンサーに声をかけ、それからビンセントに向かって、「おまえみたいなひよっこはいいもんを見れねえんだ。ここはひよっこの来る所じゃないぞ」と言った。

「ぼくはひよっこなんかじゃない」

ビンセントは、むっとなって言い返した。

「おまえみたいな間抜けがいるから、おれたちが仕事にあぶれるんだ」

イーブンズは失業中だった。

「ぼくのことを間抜け呼ばわりするな」

ビンセントは怒鳴った。友人のゲイリー・コイブンは、ビンセントの腕をつかんで彼を静めようとした。

「おまえが大間抜けなのか小さい間抜けなのかは、おれはわからんよ」

イーブンズも怒鳴った。

ビンセントはかっとなってイーブンズの胸を突いた。イーブンズも突き返して椅子を持ち上げた。ビンセントも椅子を持って対抗した。ニッツはイーブンズの助っ人に入った。ビンセントは二人に強烈なパンチを浴びせて、床に倒した。

店員がけんかを止めに来た。三人にすぐ店から退去するように言った。先に出たのはビンセントたちだった。イーブンズ親子も後に続き、駐車場の車の方へ歩いて行った。ニッツはハッチバックから野球バットを取り出し、ビンセントの方に向かった。

「バットを使ってやるんなら、ぼくは戦うぜ」

ビンセントは叫んだ。ニッツが追いかけると、ビンセントは走って逃げた。

ニッツとイーブンズが車に戻る途中、黒人の男に会った。

「おれはチャイニーズ・マンを探してる。やつを探し出してくれ！　やつを取っつかまえてくれ！」

イーブンズはそう言って男に二十ドルを渡した。三人は車に乗り、ニッツの運転でしばらく走った。ハンバーガー店の前の駐車場に、ビンセントと友人のジミー・チョイが立っているのが見えた。イーブンズはそこに車をとめるようニッツに言った。

「警官がいるぜ！」

黒人男性は言った。

「警官なんか、くそっ食らえだ！」

二人は答えた。

イーブンズはバットを持って、ニッツと一緒にビンセントを追いかけた。ビンセントは逃げる途中に、大通りで転んだ。ニッツがすかさずビンセントを取り押さえると、イーブンズは彼の頭、胸、ひざを何度もバットで殴った。ビンセントは道路に倒れた。頭からは血が流れ、脳が散乱した。駆け寄って来たジミーに、彼はもうろうとした意識の中で、「これはフェアーじゃない」とつぶやいた。

この殴打現場を目撃していた警官は、イーブンズ親子を逮捕して救急車を呼んだ。

ビンセントは病院で脳死を宣告された。変わり果てた息子を見て、リリーは涙が止まらなかった。

「口をあけてよ。かあさんの言うことに答えてよ」

彼女は何度もビンセントに話しかけた。息子のフィアンセはリリーをずっと抱いていた。四日後にビンセントの生命維持装置がはずされた。イーブンズはそのとき、いつもの仲間たちと草野球をしていた。

○

リリーは、一九四八年に中国広東省からアメリカに来た「戦争花嫁」だった。第二次大戦に服役したデイビッド・チンも広東省の出身で、四七年にリリーと結婚し、彼女をアメリカに呼び寄せた。四五年十二月に生まれた戦争花嫁法によって、中国系や日系の兵士と結婚したアジア人女性もアメリカに来れるようになったのである。

二人の新婚生活は、デトロイト郊外の裕福な住宅地、ハイランドパークの地下室でスタートした。他の中国人移民にならって、二人もクリーニング店を始めた。そしてリリーは何度も「人種差別」を体験する。近所の白人の子供たちは彼女を見ると、舌を出したり、指で首を切ったりする仕種をした。デイビッドがリリーをデトロイト・タイガーズの野球ゲームに連れて行くと、白人の観客は彼女の足をけり、罵声を浴びせた。それ以降彼女は二度と球場に足を運ばなかった。

リリーは子供が好きだったが、ある手術が原因で子供を産めない体になっていた。そこで中国へ里帰りしたときに、孤児院にいた男児を引き取ることにした。写真で見たビンセントはぽっちゃりした子で、一九六一年、六歳のときアメリカに来た。陽気な彼は友達をたくさんつくり、よく冗談を飛ばした。学校を卒業すると、中国系の人が経営する会社で製図工として働き始め、八二年六月に結婚式をあげる予定だった。父デイビッドは八一年に他界していた。

○

今から百年前の一九〇〇年、七千六百万のアメリカ国民のうち、車を持っていたのは四千人にも満たなかった。それでも当時から、デトロイトはすでに「自動車の町」として頭角を現していた。「馬のいらない乗り物」に夢中になった男たちは、次々と会社を設立し、金持ちを狙って高価な車をつくった。それを大衆向けに変えたのがヘンリー・フォードだった。一九〇八年に商品化されたT型フォードは、一四年までに千五百万台という、驚異的な販売業績をあげた。

テキサス州で石油が発見されると、自動車の普及率はますます高くなった。産業の淘汰が進み、二九年にはデトロイトに本社を置くビッグ・スリー（ゼネラル・モーターズ、フォード、クライスラー）だけで、国内販売の七五パーセントを占めるようになる。するとデトロイトには、全米から仕事を求める人が殺到し、とくに農業の機械化で職を失った南部の黒人が集中した。

ウイスコンシン州の農場で育ったイーブンズにとっても、六〇年代の終わりにクライスラーの工

▲…ビンセント殺害事件の裁判について語るリリー

▲…幼い頃のビンセントとリリー
（上下とも『だれがビンセント・チンを殺したか』1988年、より）

場で働くようになったことは、経済的な飛躍を意味した。彼は会社の同僚だった、十一歳の男児（マイケル・ニッツ）の母親と結婚し、彼女との間に四人の子供をもうけた。

石油資源に恵まれたアメリカも、六〇年代には石油輸入国になった。七三年の石油危機の後は、ガソリン価格が大きくはね上がった。しかし自動車メーカーは、相も変わらず大型車を生産していた。小型車よりも利潤が大きく、消費者が欲しいのはそういう車だと信じて、高い性能の車を作る努力をしなかった。

当初アメリカ人は、日本人が質のいい車を作れると思っていなかった。日本製品には、「安かろう、悪かろう」の印象が付きまとっていた。しかし消費者は次第に、アメリカ車より、日本車の方が性能や燃費がいいと信じるようになった。とりわけ石油危機以降は、小型で安い日本車が大量に輸入された。八一年、輸入車の市場占有率は二七パーセントになり、アメリカ車は百七日という史上最悪の在庫日数を記録し、自動車工場の閉鎖が相次いだ。翌年レーガン政権は、自動車メーカーの失業者二十一万四千人のうち、半数が再雇用の見込みがないと発表。デトロイト市の失業率も一七パーセントになり、市民の半分が何らかの金銭的援助を受けている状況に、市長は「緊急事態」を宣言した。

日本車の躍進はアメリカ人のプライドを傷つけた。日本側が「自主」規制をしいても、輸入車に占める日本車の割合は八割にもなった。日本車について語るときアメリカ人は興奮し、経済低迷の元凶は日本車にあると信じた。全米自動車労組（ＵＡＷ）は、日本車を運転する人はアメリカではなく東京に駐車すべきだと皮肉った。デトロイトでは、日本車をめった打ちにするデモンストレーションもおこなわれた。

○

ミシガン州ウエイン郡の裁判所で、イーブンズとニッツは第二級殺人罪で起訴された。二人は司法取り引きをして、第二級殺人より軽い故殺（殺意がなく不法に人を殺害）で有罪を認めた。白人のカウフマン判事は、二人に対し、三年の保護観察と罰金三千ドルに追徴金七百八十ドルを加えた刑を下した。故殺の最高禁固刑は十五年で、もし第二級殺人で有罪になれば、終身刑になる可能性もあった。これはイーブンズにとっても予想外の軽い刑だった。

量刑が下された日、法廷には検察官の姿はなかった。ミシガン州には出廷の義務がなかったからだ。また被害者の家族にも、量刑の日取りは知らされなかった。たまたまリリーの友人がその日を突き止め傍聴していたが、刑が言い渡された後、立ち上がって訴えた。

「たったこれだけなんですか。私たちには発言の機会は与えられないのですか」

朝からずっと連絡を待っていたリリーが、連絡をもらったのは夕方だった。彼女は「保護観察付き釈放」の意味がわからず、三千ドルという罰金も信じることができなかった。「なぜこんな判決なのかしら。これではビンセントは浮かばれない。判事はイーブンズの話を聞いただけ。もし被告が白人ではなく中国人だったら、違う刑になっていたはず」と思った。

ビンセントの死をめぐる捜査もずさんだった。捜査官はだれ一人、ハッピー・パンツの従業員に事情聴取をしなかった。ビンセントがバットで殴られているところを目撃していた警官も、証言者として裁判所に呼ばれることもなかった。また、イーブンズは長い間アルコール問題を抱え、心理学者がカウンセリングを勧めていたことが、判決前に議論されることもなかった。

リリーは息子の死をそのままにしておけず、「中国人福祉協会」にアドバイスを求めた。しかし運動を始めるには中国系だけでは数が足りなかった。デトロイト地域に住む約三万三千のアジア人を動かす必要があった。そこで、ビンセントの公民権（黒人や他のマイノリティーも、白人と同じ権利が約束されていること）を求める団体「正義のためのアメリカ市民」が作られ、カウフマン判事にイーブンズとニッツを刑務所に送るよう、五百人の市民が市の中心街でデモをおこなった。

しかし判事は、二人の刑を無効にする法的根拠はないと回答した。

「もしこれが残酷な殺害だったのなら、二人は刑務所に行ってました。人の命を不注意に、無謀に無視して、非常に恐ろしい殺人を犯したのが故殺です。私は週に五十の刑を下しています。週に五十だとひと月に二百、一年に二千件の計算になるんですよ」

地元のテレビ番組に出た判事は仏頂面だった。

ビンセントの事件は、初めアジア系コミュニティーにはほとんど知られていなかった。ところが「野球バットで人を殺し、罰金三千ドル」という量刑に、アジア系も衝撃を受け、リリーもテレビ番組や集会などに出席し、判決の不道理を訴えていった。

サンフランシスコでは「正義のためのアジア系アメリカ人」が創設され、ロサンゼルスでも五十以上のアジア系団体が「ビンセント・チンのための南カリフォルニアの正義」を作った。ロサンゼルス市議会、カリフォルニア州議員も、ビンセント殺害の調査を始めるよう司法省に求め、司法省には一万五千通を越える手紙が届いた。

アメリカの刑事裁判では、無罪になった人を同じ訴因で二度裁くことはできない。そこで「正義のためのアメリカ市民」は、ビンセントは公民権を侵されて殺害されたと民事裁判に訴えることにした。八三年八月、ついにイーブンズは告訴され、公判は翌年始まった。起訴状には、イーブンズとニッツが、ビンセントを「チンク」(中国人の蔑称)、「ニップ」(日本人の蔑称)と呼んでなじったとあった。最終弁論でメリット検察官は、ビンセント殺害を、「ロープの代わりにバットを使ったリンチ」と形容した。かつてアメリカの南部では、首に縄をかけられた黒人が木に吊るされ、白人のリンチを受けたことがあったからだ。

十二人の陪審員は三日間審議をし、イーブンズに有罪を言い渡した。陪審員は、ハッピー・パンツの白人ダンサーの証言——「おまえたちのような間抜けがいるから、おれたちは仕事にあぶれるんだ」というイーブンズの言葉を耳にした——を決め手にした。イーブンズはあの夜かなり酒を飲んでいたのに、覚えていることとそうでないことがはっきりしすぎていた。詳しく覚えていないことが多いと言ったのに、人種差別発言について問われると、それはなかったと証言した。

「私は人種差別主義者だったことは一度もありません。だれかに反対するようなことを言った覚えもありません。神が私の証人です。本当です」と、記者会見でも語った。

ウイスコンシン時代からの旧友リッチ・ワグナーは、イーブンズのことを、クライスラーにいたときも論争してけんかに走るような性格ではなく、たいていは話し合いで解決するスーパーバイザーだったと評した。そして、メディアが事件をセンセーショナルに扱い、イーブンズの職歴を知って、人種差別をあおる裁判になったのだと付け加えた。

八六年六月、イーブンズには二十五年の禁固刑がおり、上告中は二万ドルで保釈が認められた。ところが九月、高等裁判所は地裁判決を無効にした。「正義のためのアメリカ市民」の弁護士が、検察側の証人に証言の仕方を指導していたと疑われ、それを地裁判事が被告側の証拠に使わせなかったのは不当と判断したからだ。高裁は裁判の差し戻しを言い渡した。

ビンセント殺害はデトロイトではあまりにも知られた事件となり、公平な裁判ができないと判断され、裁判の舞台はオハイオ州シンシナチに移された。新しい公判は八七年四月に始まり、翌月イーブンズは、人種的な動機が絡んだ殺人ではなかったという無罪評決を受けた。この評決にリリーは呆然となった。

イーブンズは、「亡くなってしまったことについては、今でも非常にお気の毒に思っています。でも四年がたって、すべてが終わってほっとしています」と会見した。あれは「事故」であって、アメリカの司法制度はきちんと機能したとも語った。

リリーが起こしていたもう一つの民事裁判では、イーブンズは八七年七月、ビンセント・チン・エステート（財産）に、最高額百五十万ドルを支払うよう命じられた。彼は定職がなく、月収は四百ドルあまり。最高額を払えるとは思えなかったが、二年間は毎月二百ドル、その後は純収入の二五パーセントを百五十万ドルに達するまで支払うという決済内容になった。しかし彼は一セントも払うことなく、ミシガン州から逃走した。

リリーはアメリカには正義はないと、八七年九月に生まれ故郷の広東へ帰った。

2——アジア人に向けられた偏見と暴力

ビンセント・チンの悲劇はアジア系アメリカ人の目を覚ましたといえる。なぜ事件は起きたのか、なぜああいう判決になったのか、アジア人は何度も自問自答した。ビンセントの死の原因はイーブンズとニッツに、罰金三千ドルの判決は司法制度そのものに原因があっても、アジア人は、ある程度自分たちにも責任があることを認めなければならなかった。日本軍の真珠湾攻撃、共産主義国家・中国の誕生、朝鮮戦争、ベトナム戦争、貿易摩擦、アメリカの著名な建造物や企業の買収……。アジアを巻き込んだ大事件の矛先は、しばしばアジア系アメリカ人に向けられた。

しかしアジア人は、文句を言わない、おとなしいマイノリティーで、一世の親は子供には、社会に歯向かわないようさとしてきた。だから、自分たちを標的にした暴力や嫌がらせが起きても、アジア人はその原因を突き詰める努力をしなかった。

ビンセントの事件はアジア人に、「アメリカでアジア系であることはどういうことなのか」を考えさせた。イーブンズとニッツは、ビンセントが中国系か日系なのかをほとんど気にとめなかったように、アジア人が出身国で区別されてないことがわかった。そこで、これまで出身国別に固まりやすかった「日系アメリカ人市民連合」、「中国系アメリカ人組織」のような歴史の古い団体も、アジア系全般に対する暴力に立ち向かうようになった。各団体のネットワークも広がり、ビンセントの事件は、将来同じような事件が起きたときに、どう対処すべきかというモデルケースとなった。

またアジア系のメディアも、「罰金三千ドル」の量刑を機に、事件を詳しく報道するようになった。その論調は「アジア系アメリカ人全員が動転」、「自国の経済問題の身代わりをアジア人に求める」、「多くのアジア系アメリカ人が、リリー・チンの強さを見守った」というように、アジア人としてのアイデンティティーを浮き彫りにするものだった。

ニューヨークにも、ビンセントの死に対する「正義」を求めたり、遺族を支援するグループが生まれた。ブルックリンに住む医師ミニ・リウも、その共同発起人だった。しかしニューヨークの運動はぱっとせず、裁判が終わるとグループは解散した。

それでもミニは運動の火を消したくなかった。人種差別から来るアジア人への暴力・嫌がらせは起きているのに、社会全般ではあまり認識されていなかったからだ。そのうえ「アジア人は社会にうまく溶け込んでいる」と一般の人は信じ、アジア人自身も何もかもがうまくいっていると勘違いしていた。事件が起きても、それは個人の問題で、アジア人全体が直面する組織的な社会問題だととらえていなかった。人種差別、反移民感情が横行する社会だからこそ、ミニは教育の必要性を感じ、アジア人は団結すべきだと思った。アフリカ系やラテンアメリカ系に比べれば、アジア系は数がはるかに少ないからだ。

しかし、アメリカで生まれ英語を母語とする世代と違い、七〇年代以降急速に増えたアジアからの移民は、同じ文化や言葉を共有する者同士で固まりたがる。また日中戦争、北京（共産党）と台北（国民党）の対立、カンボジアとラオスを巻き込んだベトナム戦争、イギリスから独立したインド、パキスタンの小競り合いといった歴史的背景も壁を作っている。一世がそれを乗り越えるには時間がかかり、英語もうまく話せないとなると、共通のコミュニケーション手段もない。

それでもミニは、「国別ではなく、アジア人としてまとまることができれば、自分たちがどこから来たかより、アメリカでの生活を強く認識するようになる」と信じている。そうすれば、アジア人としてだけではなく、アメリカ人として問題を提起するようになるだろう。異人種から見れば、同じ顔形をしたアジア人は、出身国はほとんど関係ないのではないか……。

ミニは一九四九年生まれの中国系二世だ。アメリカには巨大な中国系コミュニティーがあっても、それは新しい移民の集団で、中国語しか話さないグループの中にいると、中国語を話せない彼女は場違いな気持ちになる。だから彼女は、自分自身を中国系アメリカ人ではなく、アジア系アメリカ人と位置づけている。

しかし彼女がそういう意識を持つまでには、長い歳月がかかっている。ミニはユダヤ人の多い地域で育ち、高校まではアジア系の友人がほとんどいなかった。七四年に医大へ通い始めたときも、アジア系、そして他の有色人種、女子学生はほんのわずかだった。彼女は医大のトレーニング・プログラムの一環として、南カリフォルニアの農場で働くメキシコ人を診察した。また首都ワシントンでも、黒人の多い大学の付属病院で研修医として働いた。患者はアジア人でなくても、一緒にいると居心地がよかった。白人だけの中にいるときより気が楽で、自分がもっと受け入れられているように感じた。

ニューヨークで暮らすようになると、ミニは人種差別反対を掲げるグループを作った。学生運動に深く関わっていたので、何かを組織するのは簡単だった。ハーレム地区の黒人コミュニティーで、アフリカ系を対象にした活動を始め、アジア系もラテンアメリカ系も参加した。しかし一見オープンに見えても、アフリカ系が完全に心を開いてくれたわけではなかった。ミニは、すべての有色人種を一般化することはできないと感じ始める。

「私は黒人コミュニティーでは部外者。それよりも私自身が属すコミュニティーで活動をすべきではないのだろうか……」

それから彼女はアジア系の女性団体に顔を出すようになった。中国系、日系、韓国系の参加者と話をすると、共通体験がたくさんあった。親が移民一世であること、アメリカ人全般がアジア系を理解してくれないと感じていること、偏見や無知が差別を助長していること……。そしてミニは、アジア系の歴史を学んでいくことに興奮を覚えていった。

八六年十月、「アメリカにおけるアジア人に対する暴力」というフォーラムを開こうと思いついたときも、人集めに苦労しなかった。横のつながりがすでにできていたからだ。率先して動いたのは、七〇年代の学生運動から生まれたフェミニスト団体「アジア系女性組織」、「日系アメリカ人市民連合」、「中国系アメリカ人組織」などだった。ミニはフォーラムを民族的なバラエティーに富み、政治的にも進歩的なものにしたかった。そこで「アジア系アメリカ人の法的弁護と教育基金」、「労働組合女性連合」、「米国クメール連盟」、「社会的関心事のための韓国系アメリカ人」などにも声をかけた。

フォーラムには彼女の期待を上回る二百五十人が参加した。時機は熟し、皆がエネルギーにあふれていた。ほとんどがアジア人に対する暴力を考える団体を欲しがっていた。するとその日のうちに、「アジア人排斥の暴力に反対する委員会」(通称キャーブ)を設立することが決まった。集まった多くは、ベトナム反戦運動を経験した三十代、つまり「アメリカ政府がアジアの草の根運動を弾圧している」ことに憤慨した世代だった。公民権運動の中で、黒人のブラック・パンサー党が生まれ、ラテンアメリカ人の若者も政治組織を作ったとき、二十代のアジア人も政治活動に加わった。彼らは日系の二世、三世、中国系の二世たちで、十五年たっても政治意識を捨てていなかった。

しかしミニは、運動を始めるにはアジア系だけでは不十分だと感じる。人種差別に対抗するには、アジア系で孤立するのではなく、同じ問題を共有する他の有色人種、つまりアフリカ系やラテンアメリカ系と協力すべきだと思った。

二か月後、キャーブがハワードビーチ地区のデモに参加したのも、そういう理由からだった。トリニダード出身の黒人青年が、十数人の白人少年に野球バットや棒で殴られ、逃走中に車にひかれて死亡したのである。ハワードビーチはイタリア系とユダヤ系の多い白人居住地域だった。アフリカ系、ラテンアメリカ系の千人を越す行進者に混じって、アジア系も「人種差別の暴力を止めろ!キャーブ」という横断幕を掲げ、気勢をあげた。最後は全員がハワードビーチの警察署前に集まり、各代表が戦闘的な演説を繰り広げた。そのときアジア系も発言を求められ、ミニは大観衆の前で初めて即興のスピーチをした。

「アジア人も、今の体制がいかに人種差別に満ちているかを認識しているからこそ、皆さんの支援に来たのです。……私たちも皆さんと同じような問題を抱えています。警察、司法長官、裁判所が、殺人犯に対し、本当の正義を求めているか疑問に思っています……」

これはミニたちにとって、人種の枠を越えた活動の布石となる。そしてキャーブのメンバーは、地域の団体が組織したワークショップなどで、毎週のようにスピーチをするようになった。ミニは興奮した。自分たちの運動が、少しずつ人種差別体制を壊しているように感じた。

ハワードビーチのデモから七日後、マンハッタンに住む中国人の家族がキャーブに助けを求めに来た。家族は、チャイナタウンの警察署の警官に殴られて逮捕されたうえに、公務執行妨害で起訴されそうになっていた。そこでキャーブは、チャイナタウンの市民運動家や住民と協力し、家族を支援する会を作った。チャイナタウンの歩道にテーブルを置いて、三千人以上の署名を集め、州の司法長官室前で抗議集会を開き、長官とも直に会って話をした。予審が開かれるときはいつも法廷を支援者で一杯にした。

三か月後、ついに検察側が起訴を取り下げた。しかし家族に暴力を振るったとされる警官に対しては何の処置も取られなかった。そこでキャーブのスタッフは、警官への起訴状を作って板に貼り、支援者と一緒にそのプラカードを掲げ、警察署までデモ行進した。これは自分たちの力でもぎ取った勝利だとミニは信じ、キャーブの活動のモデルになっていく。その後、チャイナタウンの警察署

▲…ニューヨーク・シティー大学と「アジア系アメリカ研究」の予算削減に反対するデモ（1996年、ウエイン・ラム撮影）

▲…警察の暴力に抗議するキャーブのスタッフと支援者（同上）

にはアジア系の警官も勤務するようになり、九六年にはアジア系初のトーマス・チェン署長が着任した。しかしキャーブはこれを、白人の顔が中国人の顔に代わっただけで、ニューヨーク市警にはびこる人種差別を覆い隠す表面的改革としか見ていない。

実際キャーブが、九三年から各コミュニティーの世話役と活動を共にするようになってから、アジア人に対する加害者の半数近くが警官であることがわかった。警官が振るう暴力には、不当な逮捕、わな、極端な暴力の使用、殺人などがある。警官は、まず英語を話せない移民に明らかな偏見を持っており、「お前の国へ帰れ」などの暴言をはく。当局に挑戦する態度を見せたり、警官へ質問をしようとすると暴力に走りやすい。

九六年にキャーブは、『アジア系アメリカ人コミュニティーにおける警察暴力、一九八六〜九六年』という報告書を作成し、州の司法長官に手渡した。もちろん警察ばかりでなく、一般市民からも暴力は受ける。『偏見が動機、または人種差別から来る殺害』という別の報告書には、キャーブは東海岸で起きた事件として次のようなものを載せている。

八七年。ニュージャージー州に住むインド系の男性（三十歳）が、十代の少年十一人から、インド人であることとはげていることをからかわれ、殴る、けるの暴行を受け、れんがで頭を殴られた。男性は数日後に死亡。四人が逮捕され、殺人罪で起訴されたが、未成年という理由で釈放。

九〇年。香港のセールスマン（三十一歳）が、ブルックリンの地下鉄で「春巻き」と言われ

▲…映画『ライジング・サン』が反日・反アジア感情をあおると抗議する人々（1993年）

た後に、胸などを四回刺されて死亡。犯人は次の駅で降りたが、後で逮捕され、第一級殺人罪で起訴される。

九一年。コネチカット州の中国系男性（二十一歳）が、父親の経営するレストランから十代の少年たちのグループに出前をしたところ銃撃される。彼らは「スリル」ある強盗を味わおうとわなをしかけた。男性は翌日死亡。五人が凶悪殺人罪と強盗罪で起訴された。

九三年。カンボジア出身の男性（二十一歳）が、マサチューセッツ州の集合住宅で、女友達と一緒に白人の集団に襲われる。男性は二日後、出血多量と脳損傷で死亡。殺人罪と暴行罪で起訴されたのは一人だけ。

九二年にルイジアナ州で起きた、日本人留学生服部剛丈《よしひろ》（当時十六歳）の銃殺事件で、手ぬるい銃規制を問題視した日本のメディアと違い、キャーブは人種問題が絡んだ殺害、そして評決だと見た。

九三年六月のエイジアン・ウイーク紙に、キャーブのスタッフ、モノナ・インは、検察、メディア、家族からも、「人種」が果たした役割について議論されず、苛立ったと寄稿している。ルイジアナ州は、白人の秘密結社「クー・クラックス・クラン（ＫＫＫ）」の元リーダー、デイビッド・デュークが知事選に出馬すると、白人投票者の六〇パーセントが彼に票を入れ、メキシコ湾でベトナム人漁師と白人漁師が衝突する土地柄である。服部の殺害者に無罪が言い渡されたとき、モノナの頭にはビンセント・チン事件の量刑がよみがえった。もし犯人のピアーズが、玄関先で二人の白人高校生を見ていたら、どう反応しただろう……。ピアーズ夫人は、服部が自分とは違う人種だったから、より脅威に思ったのではないだろうか……。「アジア系」は、「白人」対「黒人」のように明確な分類に当てはまらない分だけ、人種の盲点が多いとモノナは感じた。

3——屈辱の思い出からカミングアウトした日系人

『アメリカの強制収容所。日系アメリカ人の体験を記憶にとどめて』は、一九九四年から一年間、ロサンゼルスの全米日系アメリカ人博物館で公開され、記録的な入場者を得た。この展示では、第二次大戦中、ワシントン、オレゴン、カリフォルニア、テキサス、ハワイ州に住むアメリカ国籍、日本国籍、中南米諸国の日系人など十二万人が、全米十数か所の「強制収容所」へ送られた史実が紹介された。

『アメリカの強制収容所』が、九八年四月からニューヨークのエリス島移民博物館でも展示されると決まったとき、日系人は歓迎した。強制収容所の話は、カリフォルニアやハワイではよく知られていても、東部、中西部、南部ではあまり認識されておらず、世界中の観光客が訪れる会場を格好の教育の場と見たからだ。

ところが「強制収容所」という言葉は、展示が始まる前から物議をかもす。エリス島財団から日系人博物館に、「ユダヤ人の感情をそこなう恐れがあるので、『強制収容所』をタイトルから取り除かない限り、展示を許可できない」という手紙が送られて来たのである。ユダヤ人の多いニューヨ

▲…『アメリカの強制収容所』展パンフレット

ークにはホロコースト博物館があり、アメリカ人のほとんどは「強制収容所」をユダヤ人と結びつけ、日系人が使えばホロコーストの恐怖が軽んじられるという理由からだった。

日系人は、自分たちの経験をユダヤ人のホロコーストと比べるつもりはまったくないが、「強制収容所」はルーズベルト大統領を始め、政府高官が使った言葉であり、歴史はあるがままに伝えるのが道理と反論。日系人博物館の理事も務めるダニエル・イノウエ上院議員は、史跡エリス島を監督する内務省長官に助け船を求め、結局もとのタイトルで開催されることになった。ただしユダヤ人と日系人との話し合いで、展示会場とパンフレットに次のような「強制収容所」の脚注が付けられた。

強制収容所は、犯した犯罪ではなく、たんにだれであるかということで人が投獄された所です。人類史上、多くのグループがそういう迫害を受けましたが、「強制収容所」という言葉は、二十世紀初頭、米西戦争とボーア戦争で初めて使われました。

第二次世界大戦中のアメリカの強制収容所は、ナチス・ドイツのものとははっきりと区別されます。ナチスのキャンプは、拷問、残虐な医学実験、即決処刑の場所で、ガス室を供えた抹殺所もありました。あのホロコーストでは六百万のユダヤ人が殺されました。その他、たくさんのジプシー、ポーランド人、同性愛者、反体制派も、ナチスの強制収容所の犠牲者です。

最近では、強制収容所は旧ソ連、カンボジア、ボスニアに存在しました。

こういった違いはありますが、すべてが一つの共通点をもっています。権力の座にある者が、一般市民からマイノリティー・グループを排除し、社会もそれを見逃したことです。

○

この展示には、収容所で暮らす二十代初めのユリ・コチヤマの写真、そしてそれから四十年後、収容所に入れられた人への補償を求める公聴会で証言した、夫ビル・コチヤマの写真も飾られていた。

ユリはカリフォルニア州サンピードロで、一九二一年にメアリー・ユリコ・ナカハラとして生まれた。サンピードロは白人の多い中流階級の町で、近くには日本人が多く住む漁業の町ターミナル・アイランドがあった。

メアリー（ユリ）の幼少時代は幸せだった。一世の父は魚の卸問屋を経営し、裕福な家庭環境の中、「アメリカ人」であることを満喫して育った。級友のほとんどがヨーロッパからの移民の子で、学校で人種差別を味わったことはなかった。母親から「あなたは日本人よ」と言われても、「私はアメリカ人」と反論し、自分の二重国籍を嫌った。

しかし現実の社会は学校で教わった理想とは違った。短大を出た四一年に、日系人女性を雇う白人はほとんどいなかった。ロサンゼルスのリトルトウキョウで仕事を見つけられればいい方だった。それでもメアリーは、サンピードロの百貨店で販売員として働くことができた。メキシコ人の友人が勤めていることを知って、試しに面接に行ってみたのである。だがメアリーはフルタイムではなく、土曜日や祭日、夏休みだけのパートタイマーだった。だからほかの日は、八百屋に立ったり、

▲…ロサンゼルスのリトルトウキョウに、かつてのにぎやかさはまったくない。

人の家の家事を手伝ったりした。

十二月七日、日本軍によって真珠湾が攻撃されたその日、胃かいようの手術を終え、前日に退院して来たばかりの父親がＦＢＩ（連邦捜査局）に連行される。漁師は太平洋で漁をするため、スパイ活動をしているのではと疑われた。国の安全保障に脅威を与えているという理由で、父親のように、日系一世のリーダーや教師、僧侶などが次々と検挙されていった。父は病状が悪化し、翌年一月に五十四歳で死去。葬儀はＦＢＩ捜査官の見守る中でいとなまれた。

日系人は夜間外出を禁じられ、家から五マイル以上離れることができなくなった。これを破れば、一年以下の禁固刑と五千ドルの罰金が科せられた。ナカハラ家の白人の隣人は親切だった。買い物に行ってくれたり、四二年二月の大統領令九〇六六で、一家がサンピードロを立ち退かなければならなくなったときも、「あなたたちが帰って来るまで家を見てあげます」と言ってくれた。

収容所へ行くとき、メアリーはあまり怒りを感じなかった。真珠湾を攻撃した日本を憎んでも、アメリカ政府の命令に従うのが、「世界中で一番偉大な国」への忠誠を証明する方法であり、仕方のないことだと思った。

メアリーたちは五日間列車に揺られ、アーカンソー州にある人口七十六人のジェローム村へ向かった。途中駅のネブラスカ州オマハには、若い白人兵士を乗せた列車が止まっていた。メアリーと同年代の女たちは窓をあけ、兵士たちに向かって、「住所をちょうだい。手紙を書くから」と叫んだ。収容所生活では大したこともできず、文通は楽しみの一つになった。

ピーク時には八千五百人が住んだジェローム収容所は、森に囲まれた湿地帯の中にあった。冬は寒さが厳しいことを知らされると、男たちは森に行って木を切り、女たちはのこぎりでそれを薪にした。雨季が来ることを知らされると、男たちは排水溝を作った。そういう作業がきちんとこなされていくのを見て、メアリーは初めて「日本人」であることを誇りに思った。ここに来るまで、自分はあまりにも「白人」になりすましていたと思った。彼女はまた、収容所の日曜学校で子供たちに教え、サナトリウムで暮らす日系人、孤児、前線で戦っている日系兵士などに手紙を書く「十字軍兵士」というグループをつくった。

メアリーがビル・マサヨシ・コチヤマに出会ったのも収容所だった。ビルは首都ワシントンに生まれ、ニューヨークで育ったものの、真珠湾攻撃が起きたときはカリフォルニアに住んでいたため、大統領令で足止めされる。「自分はアメリカ人なのに」と、そのときの怒りは押さえ切れないほど

▲…中国人受刑者の資金集め夕食会でスピーチをするユリ

だった。ユタ州のトパーズ収容所で一年を過ごした後、軍隊に志願。日系人だけで構成された部隊は、ミシシッピー州の基地で軍事訓練を受けていたが、日系人への風当たりの強さは南部でも同じだった。だから兵士たちは、週末には収容所に行って、ダンスなどをして楽しんだ。四三年にジェロームを訪れた「都会的でハンサム」なビルに、メアリーはたちまち恋をした。

メアリーがサンピードロに戻ったのは四五年十月だった。婚約者のビルがヨーロッパの戦地から帰還するまで、金を稼いでおこうと、レストランを回って仕事を探した。しかしウエイトレスとして、彼女を雇う店はなかった。仕事にありつけても、客に「日本人」だとわかると、「トラブルを起こしたくないから、やめてほしい」と店主に言われた。一晩だけの店、二晩働いた店、二週間続いた店もあった。

四六年、メアリーとビルはニューヨークに新居を構え、六人の子供をもうけた。六〇年からは、公民権運動の宝庫ハーレムで暮らすようになり、メアリー自身も、集会に参加したり、マルコムXを始めとする活動家に会ったりして、自分の政治哲学を築いていった。五十歳近くになってファーストネームをメアリーからユリに変えたのも、日系人としてのアイデンティティーをはっきり持とうと決めたからだった。

ユリとビルは、子供たちには小学生の頃から収容所体験を話していた。政府が日系人をどう扱ったかを教えるのは大切な事だと思ったからだ。しかし多くの一世、二世はあの体験を恥じ、胸の奥底にしまい込んでいた。だから、政府に「過去の過ちを謝罪させる」という発想など論外だった。

○

公民権運動、ベトナム反戦運動などを経て、マイノリティーを取り巻く環境も少しずつ変わっていった。日系や中国系の若者も、進んで学生運動に参加し、移民法の改正で、アジア人の移民が増えていった。そういう背景の中、補償要求運動は七〇年代に芽をふいた。一九三〇年に発足した「日系アメリカ人市民連合」（ＪＡＣＬ）は、七〇年のシカゴ大会で、初めて収容所時代の補償を求める決議を出した。それがより具体的になったのは、七八年のソールトレーク・シティー大会。一人に付き、二万五千ドルの補償額が提示された。同じ年に、シアトルの日系人が「追憶の日」というイベントを企画し、二千人と二百台の車が、仮設収容所のあった場所まで十キロのキャラバンをし、四二年当時の強制立ち退きの様子を再現させた。参加した日系人は、政府がいかに自国民を不当に扱ったかを改めて認識することになる。「追憶の日」はメディアでも取り上げられ、やがて全米の日系コミュニティーの行事として広まっていく。

　ＪＡＣＬの補償委員会は、七九年二月、ワシントンの日系議員にアドバイスを求めた。ハワイのイノウエ、マツナガ上院議員、カリフォルニアのミネタ、マツイ下院議員（全員が民主党）は、補償要求を全面に出すより、まず事実を調査する委員会をつくったほうがいいと提案し、ＪＡＣＬもその方向で行くことにした。

　このアプローチに失望したシアトル支部の一派は、「日系アメリカ人への補償のための全米協会」（ＮＣＪＡＲ）を七九年五月に結成し、金銭的補償を得ることを唯一の目的にした独自の運動を進めていく。代表のウイリアム・ホウリは、戦時中、牧師の父がモンタナ州の司法省のキャンプへ、残る家族はカリフォルニアの砂漠、マンザナール収容所へ送られた。ウイリアムは十五歳だった。自分たちは捕虜であっても、戦争捕虜ではなく、日本人の血を引いていることが罪という、「情けない」理由での捕虜だった。

　ＮＣＪＡＲはワシントン州選出のローリー議員を動かし、「第二次世界大戦中の日系アメリカ人の人権じゅうりん補償法」（一人当たり一万五千ドルに、収容所滞在日数に十五ドルをかけたものが補償額）の議案を出した。しかしこれは否決され、ＪＡＣＬの押す「戦時中の民間人の移転と収容に関する（事実調査）委員会」設立の議案が可決された。そこでウイリアムたちは訴訟の手段を取ることにした。

　首都ワシントンに弁護士を確保できても、七万五千ドルの訴訟費用の手付金三万ドルがなかなか集まらず、実際に訴訟に持ち込めたのは八三年になってからだった。しかし八四年地裁は、被告・

政府側の「却下の申請」を支持する。その後、最高裁にまで議論が持ち込まれたが、手続き上の問題で高裁に差し戻され、結局訴えは八七年に退けられた。

ウイリアムにとってこの敗退が一番悲しかった。グループの内紛があり、ニュースレター用に送った記事が検閲されても、運動の要である「訴訟に勝つ」ことは悲願だったからだ。直接自分に向ける人こそ少なかったが、ＮＣＪＡＲが批判されていることを彼は知っていた。しかしそれはコミュニティーから金を奪っているという、彼にしてみれば低次元の批判だった。ＮＣＪＡＲの郵送リストは三千五百人という控え目なもので、日系二世や白人の支援者は、自分の意志で、裁判費用を寄付してくれたはずだったからだ。

ユリ・コチヤマは、大金を使ったＮＣＪＡＲの訴訟はあまりにも見解が狭いと思った。そういう彼女が夫と始めたのは、「政府の過ち」を一人でも多くの人に知ってもらう草の根の運動だった。

テヘランのアメリカ大使館が占拠された七九年、カリフォルニア選出のハヤカワ上院議員（共和党）は、「イラン人を隔離すべき」と発言。カナダ生まれのハヤカワは、戦時中はシカゴで教鞭を取り、収容所体験がなく、補償要求運動にも反対していた。ユリは三世たちと「懸念する日系アメリカ人」を組織し、イラン人の支援に回った。やがてこれがニューヨークでの補償運動の基盤となり、始めはユリとビルの自宅が会合場所になっていた。シアトルにならって、ニューヨークでも「追憶の日」の催しが七九年から始まった。

ユリたちは、二世のミチ・ニシウラ・ウェグリンが、十数年かけて書き上げた『アメリカ強制収容所。屈辱に耐えた日系人』を参考にして、日系人がなぜ隔離されたのかを勉強した。同書は「ハ

▲…収容所名の書かれたプレートを持つ若者たち（1992年「追憶の日」）

ワイや西海岸の日系人は驚くほどアメリカに忠誠心があり、（反逆の）問題はない」というマンソン報告書（一九四一年十一月、国務省）を、アメリカ政府は長い間秘密にしていたことを明らかにしている。

「懸念する日系アメリカ人」の輪は広がり、日系人会、日系アメリカ人ソーシャル・サービス、日米合同教会など、ニューヨークの既存の団体とも行動を共にするようになった。そして八〇年にロサンゼルスの日系人が始めた「補償を求める全米連合」（NCRR）に呼応し、名前も「補償を求める東海岸の日系アメリカ人」に変えた。JACLと違い、NCRRには三世が多く、メディア攻勢、手紙作戦、集会の開催など、できるだけ人目につく運動をした。

JACLが押した「戦時中の民間人の移転と収容に関する委員会」は、八一年に、ワシントン、ロサンゼルス、サンフランシスコ、シアトル、シカゴ、ニューヨークなど全米の七都市で公聴会を開いた。元政府高官、学者、元収容所体験者など、七百五十人が証人として発言し、日系人はそれまでのうっぷんを一挙に掃き出すことになる。そして翌年委員会は、報告書『否定された個人正義』を発表した。

「……大統領令九〇六六が発布されたのは、軍事的な必要性からではない。日系人を監禁したのは、人種偏見、戦争ヒステリー、政治指導力の欠如に原因がある。日系アメリカ人に対する無知も、日本への恐怖と怒りの中でその一因となった。アメリカ国民、日本人居留民に対しておこなわれた不正は計り知れない。……」

委員会は八三年に、憲法の権利を侵害された日系人に対し、大統領の謝罪と一人につき二万ドルの補償を勧め、これに沿った議案が出された。それでもこれが可決される保証は何もなかった。年間一万件に上る議案や決議の中で、実際に法律になるのは十分の一足らずだったからだ。政府は財政赤字のまっただ中にあり、議員たちは人気の高かった大統領や高官の非を認めたがらず、マイノリティーの日系人は、選挙民としても重要と思えなかった。

ワシントンで主にロビー活動をしたのはＪＡＣＬだった。日系議員らも、今回は真正面から補償要求に取り組み、同僚の議員たちに協力を求めた。ＮＣＲＲは全米の議員に手紙を書き、ＮＣＪＡＲの訴訟もメディアの注目を集めた。この頃には、ユリたちの運動もＪＡＣＬとも歩調を合わせるようになった。メディアは日系人に同情的だった。大学のアジア系アメリカ人研究センター、ユダヤ系、中国系、黒人の団体も、日系人を支援した。

ついに八八年、議案は通過し、九〇年に最初の小切手が百七歳の一世の手に渡された。司法省でおこなわれた式典にはウイリアムも参加した。「あなたたちの謝罪を受け入れる」と、政府に言いたい気分だった。公言どおり彼は補償金で車を買った。公民権運動を積極的に支持せず、ベトナム戦争にも態度があいまいだったＪＡＣＬを、彼は今も信用していない。戦時中、日系人に政府の命令に従うように勧め、ＦＢＩの協力者だったＪＡＣＬは、政府が謝罪したとき、同胞に謝ろうともしなかったではないかと……。ＪＡＣＬは、四二年の立ち退き令を支持し、その命令を出した大統領に、日系人にも召集令状を出すよう嘆願した。そして、囚われの身でありながら召集されるのはおかしいと徴兵を拒否した日系人を、ＦＢＩに密告したとも言われている。徴兵拒否者の指導者は投獄され、日系コミュニティー、特に前線で戦った退役軍人からは裏切り者と見なされ、現在までその亀裂は続いている。

日系ラテンアメリカ人も、ペルーなどの十三か国から約二千三百人がアメリカの強制収容所に送られたが、米国籍、グリーンカード保持者でないという理由で、八八年の「市民特権法」から除外されていた。しかし九六年にカルメン・モチズキらが訴訟を起こし、九八年に「大統領の謝罪と一人五千ドルの補償金」を勝ち取ることができた。八万二千人あまりに補償金を支払ってきた政府の補償管理部は、一九九九年二月に閉鎖した。

4――アジア・カルチャーのハワイ議会

ハワイ州は人種構成の点で他州と一線を画している。百二十万の人口の六割以上が、アジア太平洋系によって占められ、ヨーロッパ系は三十数パーセントにすぎないからだ。これは、砂糖きびプランテーションの経営者が、病気などで激減した島民に代わって、アジアから労働者を募ったからである。その結果、十九世紀半ばから一九二〇年まで、中国、日本、フィリピン、朝鮮半島などから、およそ三十万がハワイに渡った。

特に大勢の日本人が集まったのは、三井物産の前身となる会社を創設した井上馨《かおる》などが、ハワイ総領事で同社のアドバイザーでもあったR・W・アーウィンに、故郷の山口、そして広島、熊本などから移民を募るよう勧めたからだ。生活苦にあえいでいた農民は、数年で数百円たまると触れ込まれ、一八九四年から一九二四年にかけて、二十万がハワイへ移住した。

二百年以上鎖国をしていた朝鮮王国からも、一九〇二～五年、約七千人がハワイへ来た。北部で飢饉が起きたせいもあるが、多くは、アメリカ人のキリスト教伝道士に勧められて渡航を決めている。しかし、メキシコに移住した朝鮮人が過酷に扱われていることを知った国王は、ハワイへの移住も禁じるようになった。そして日本政府は、一九一〇年に朝鮮を併合すると、日本人労働者との競争を避けるため、朝鮮人の渡航を禁止した。

フィリピンからも二十世紀の初め、労働者がハワイへ向かった。プランテーションの労働者募集代理店にとって、フィリピン人は「アメリカ」のパスポートで渡航できるという魅力があった。しかし、自国も砂糖の産地であるフィリピン政府は、労働者がハワイに流れないよう、代理店に高い税金を課した。それでも代理店は映画を上映して積極的に人を集め、三〇年までに、ルソン島やセブ島などから十一万人がハワイへ渡った。

一九〇〇年、ハワイがアメリカに併合されたとき、ハワイ議会は白人の共和党員に牛耳られ、プランテーション経営者や巨大なビジネス・グループなど、富裕階級を温存する政策をとっていた。しかし第二次大戦後、有権者の構成が変わった。ハワイ生まれのアジア人が成人し、五二年の移民法改正で、市民権を得た一世が増えたからである。彼らは富裕階級に酷使された、言わば労働者階級だったため、共和党体制を嫌って、ハワイは「一党の州」と言われるほど、民主党の強い州になっていく。

五九年にアメリカの第五十州になってから、州知事はずっと民主党員が務めてきた。州議会も、下院議員五十一人中三十二人が、上院議員二十五人中二十二人が民主党員で占められている（二〇〇一年）。死刑廃止、全米で初めて人工中絶を認めたリベラルな州となっている。

日系人が二〇パーセントを越える人口構成で、ハワイの州議員に占める日系人の割合は四割にも上る。一九五二年にハワイで生まれたロイ・タクミも、九二年に民主党から下院議員に初当選し、九四、九六、九八、二〇〇〇年と再選されている。議員になる前は、アメリカ労働総同盟産業別会議（AFL－CIO、労働組合団体）のハワイ州支部のコミュニケーション・コーディネーターをしていた。プレス・リリースやニュースレターを書き、労働問題をリサーチするのが主な任務だった。

○

「社会が変わるには三つの方法しかありません。まずは政治、つまり法律を通過させることで、次に裁判所の決定があります。三番目はコミュニティー・レベル、あるいはストリート・レベルでの運動です」

九九年に、所用でニューヨークを訪れたロイはそう語った。

「アメリカでは社会改革はストリート・レベルでなされることが多いです。一七七六年にこの国が独立したときは、白人の男性にしか選挙権はありませんでした。スーザン・B・アンソニーは、女性にも参政権を求める運動を始めましたが、（一八七八年、連邦議会に憲法修正の議案が出され、一九二〇年に採択されるまで）実に四十二年という歳月がかかったのです。

一九六六年、最高裁は、人種の違うカップルの結婚を禁じた十四州の法律は憲法違反だとしました。またカンザス州のブラウンという黒人（他にも十二人の親が参加）が、人種で学校を分けるのは違法だとしたのです。

三つの方法の中で一番限界があるのが政治です。政治家は再選されたいから非常に臆病です。そして特定の声しか聞かない。だから投票権のあるお年寄りはとてもパワーがあります。投票権のない子供は、福祉政策などがカットされて貧しくなっています。でも選挙で負けるのは最悪の事態ではありません。世の中には命を犠牲にしてまで正義のために闘う人もいますから、落選は何でもありません。

▲…ハワイのロイ・タクミ州議会議員

私の選挙区には二万千人の有権者がいますが、私に入れたのは三千五百人、六分の一だけです（九八年）。多くの人は投票しないのです」
候補者は一つのポストのために、一回ではなく、二回当選しなければならない。十一月の本選挙前の九月に、まず予備選挙がおこなわれ、共和党、民主党など、各党を代表する候補者が選ばれる。そして本選で、それぞれの党の代表が一議席を狙って争う。下院議員は二年おきに選挙があるので特にせわしい。

「息子に、お父さんは大統領選に出ないのと聞かれたことがあるんです。大統領になるのは大変なことです。私がアジア系で、人種差別があるのも理由ですが、一億二千五百万ドルの選挙資金を集めないといけません。そのためには、どんな人にも愛想をふりまかないといけない。私はどこにでも出かけて行って、知らない人に『こんにちは』と言って、お金を取れるような性格ではないし、そういうことまでして大統領になりたいとは思いませんね。

イギリス系のレーガン元大統領は私と同じ四世ですが、だれも彼がアメリカ人であることを疑いません。でもアジア系はアメリカでは永久に外国人のようです。私が日本で日本語を話しても何とも思われませんが、これが白人だったら、『日本語がお上手ですね』とか言われて、ずいぶんほめられますよ」

ロイは七〇年代に日本で八年間暮らし、日本語を流ちょうに話す。先住民ハワイアンによる主権奪回の運動が静かに進行している中、ロイは「ハワイは独立して、米軍の基地使用料をアメリカ政府から徴収すればいい」と語る進歩派でもある。冷戦時代に、真珠湾やショフィールド・バラックの軍備施設が拡充され、ハワイ経済が潤ったことがあった。しかし先住民に対し、特別の配慮が必要と考える州議員は多いものの、独立の支持者は少ないと彼は言った。

またホノルルにある彼の事務所はコミュニティー・センターのようなもので、たとえば沖縄から米軍基地反対のグループがハワイに来れば、活動のために使ってもらう。そして彼の所に情報を求めてくる市民も多い。議員である利点は、普通なら返事の遅い政府機関も、政治家だと名乗ればすぐに情報を提供してくれることだという。

約八年の議員歴でロイが後悔した票が二度ある。ハワイ大学は各地にキャンパスを持つ総合大学だが、ハワイ島のヒロ・キャンパスを独立させたいグループがあった。彼はあまりいいアイデアだと思わなかった。しかし友人に頼まれて賛成票を入れた。議案は却下され、友情で票を入れるべきでないことを学んだ。もう一つは、警官の人事記録の公開議案に反対票を入れたときだった。ハワイでは州政府職員の人事記録は公の物になる。警官の労働組合が公開に反対したため、ロイも組合に賛同し、非公開の議案が通過した。しかし後になって、警官のプライバシーより、州民の知る権利のほうが大切だと思った。

「ハワイの州議会は、アジアの伝統を受け継いだローカルな雰囲気があります。アジア人はそんなに声も大きくないし、言い張らないし、妥協して討論をあまりしません。西洋の文化は文句に文句を言って権利を主張しますからね。でもアジア的なものが非効率的というわけではなく、違うということです」と、ロイは付け加えた。

○

アジア系の政治家と言えば、ハワイ州知事のアリヨシ、マツナガ連邦上院議員のように、かつてはほとんどが日系だったが、現在はその顔ぶれも多様化してきている。ハワイの州知事はフィリピン系のカエタノ（民主党）、アメリカ本土初のアジア系州知事に選ばれたロック（ワシントン州、民主党）は中国系、ハワイ州の連邦上院議員アカカ（民主党）はハワイアンの血を受け継ぎ、オレゴン州には台湾生まれの連邦下院議員ウ（民主党）が、またメリーランド州にはマニラ生まれのバルダーラマ州下院議員（民主党）もいる。九八年に敗れたが、カリフォルニア州からは初の韓国系連邦下院議員キム（共和党）が出た。

それでもアジア系コミュニティーは、本土には「自分たちの声を代弁してくれる」政治家が少ないことを残念に思っている。アジア人の多いニューヨーク市にも、市議会議員五十一人中、アジア人は一人もいない。

これは何も、アジア系が市議会選挙に挑戦してこなかったからではない。台湾生まれのポーリン・チュウ（民主党）は、九一年に第二十選挙区から出馬し、現役のジュリア・ハリソン（民主党）に挑んだが、予備選で敗退した。九七年にも立候補したが、そのときもハリソンに負けている。ベテラン議員ハリソンは、九六年にニューヨーク・タイムズ紙のインタビュー記事で、フラッシング（第二十区）のアジア人移民は犯罪を増やし、不動産価格をつり上げ、まるで植民地主義者のようだと発言した。アジア人はすぐ市庁舎前でハリソンを糾弾するデモをおこない、彼女は謝罪した。

そういう経緯から、九七年の選挙のときは、ポーリンがニューヨーク・タイムズ紙や台湾系、韓国系のコミュニティー紙から後押しされ、市と州の会計監査役も、彼女の支持に回った。しかし彼女は予備選で、ハリソンはもとより、もう一人の若きアジア系の候補者ジョン・リウの票にも及ばなかった。リウがなまりのない英語を話すからだろうと、彼女は後で語っていた。

「九七年は準備不足でした。でも皆あなたのことを知っているし、以前よりもコネがあると言われ、出馬を勧められました。きついレースでした。三人のアジア系の候補者がいたからです。ニュ

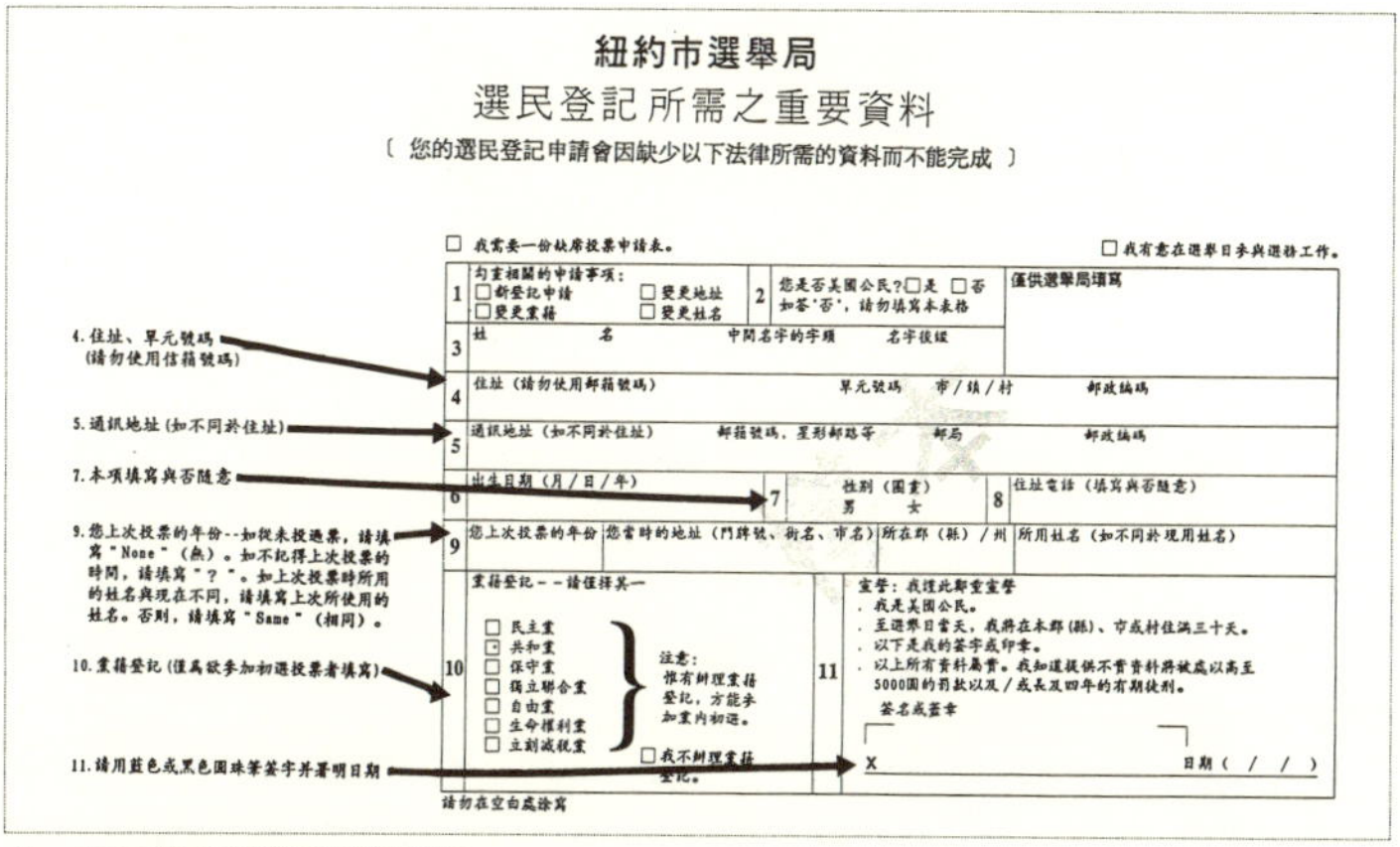

▲…中国語の選挙民登録用紙

ーヨークは民族で固まってしまう州です。イタリア人はイタリア人に、ユダヤ人はユダヤ人に入れなければと皆思いがちです。自分たちの将来に影響を与えるのに、アジア人は政治にあまり関わりたがりません。テレビやラジオで、選挙民登録をするよう呼びかけても、パーセンテージは少ししか上がりませんでした」

移民による人口増加が、そのまま投票につながるわけではない。投票権は十八歳以上の市民権保持者にしか与えられず、しかも本人自らが州の選挙管理委員会に登録しなければならない。市民権を取っても、内戦に明け暮れたり、独裁政権の国から来た人は、選挙そのものに不慣れで、なかなか登録しようとしない。だから「移民一人が一票」という政治力に数えられるまでには、長い時間がかかっている。

ポーリンは、六七年に台湾からミネソタ大学に転入した留学生だった。修士課程を終えずに結婚し、二児の母となり、八〇年にニューヨークへ来た。教育学を専攻した彼女は、八六年に地域学校区（第二十五区）委員の選挙に出馬し、ニューヨーク市クイーンズ区で初のアジア人当選者となる。また同じ頃、フラッシングに「中国系アメリカ人父兄同盟」を設立。学校の情報、教育カウンセリング、ESL（第二言語としての英語）クラスなどのサービスを、新移民に無料で提供し、現在もその会長をつとめている。

「私は今五十五歳。選挙には若い人が出馬したほうがいいです。若くてエネルギーのある人が……。私はこれまでの経験を生かして、裏方として役立ちたい。アメリカ生まれでないと、やはり限界がありますから。

アジア系の議員を生み出すには、アジア人の（選挙民）登録者数と、党への登録者数を増やすことが必要です。中国のような民主主義のない国から来ている人は、なかなか選挙に行きたがりません。台湾でさえ、私がいたときは蒋介石の独裁政権でしたから。だから（投票がいかに大切か）教育するのは大切です」

九九年夏、教師のグループに付き添って中国視察旅行から帰って来たばかりというポーリンは、選挙でも教育の大切さを説いた。

第4章　上昇指向の高い移民の子供たち

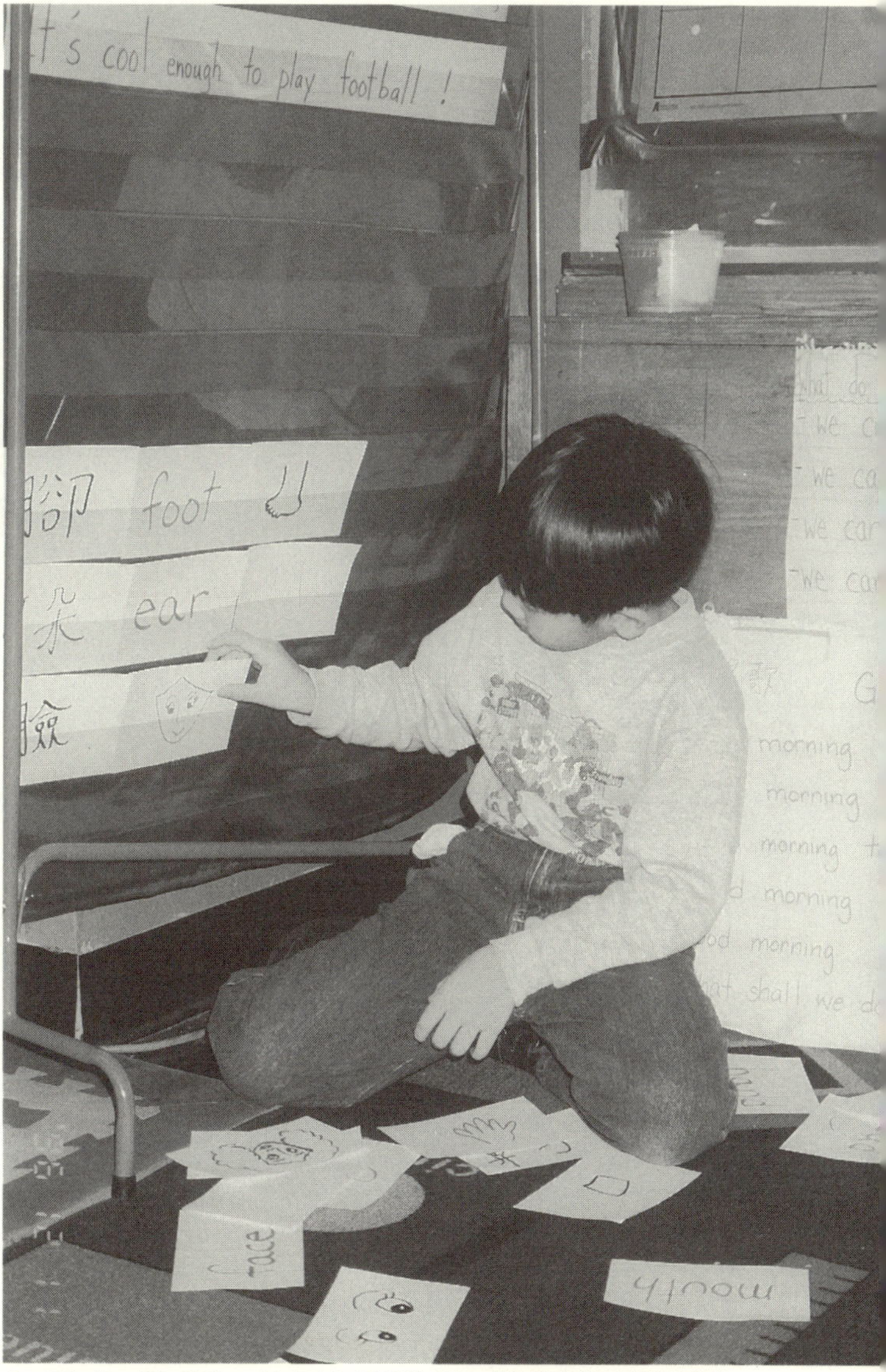

▲…マンハッタンのチャイナタウンでのバイリンガル教育（友沢昭江撮影）

1――英語が外国語の転入生

一九八九年の秋、日本で暮らしていた小学六年生ヤン・チェンは、五歳上の姉と一緒にニューヨーク市の公立校に転入した。一足先にアメリカへ来ていた母親と一緒に暮らせることがわかったのは、その二か月前だった。祖父の勧めで、神戸のＹＭＣＡの英語クラスに通ったが、行ったのは四回だけ。ニューヨークでは七年生（中学一年）に編入し、授業を聞いても何が何だかまったくわからず、ボーッと白昼夢を見ているようだった。言葉が不自由だと友達もつくれず、日本の方がいいなあとホームシックにかかった。

ヤンが「英語がわかる」体験をしたのは、四か月ほど経ったときだった。理科の時間に、先生が「オゾンは何でダメージを受けているか」という質問をした。いつもは黙っていたヤンも、そのときばかりは手を上げた。「オゾン」と「ダメージ」は、日本でも外来語として使われていたので意味がわかったのである。日本でヘアー・スプレーがよくないと聞いていたので、「ヘアー・スプレー」と答えると、先生は「よろしい」と言った。それからは、彼女は英語にも耳が慣れ、半年すると普通の会話はわかるようになった。

ヤンは今でも時々文法のまちがいをする。それでも、自分の英語が早く上達したのは、クラスに日本語を話す人がいなかったからだと思っている。今では日本語で考えるのが少し億劫になっているが、日本に行けば祖父母や友人と会話ができるし、日本語力の低下についてはそれほど心配はしていない。ヤンの母親も、娘が早く英語を習得できたことを喜び、日本語力の維持・向上については深く考えなかった。アメリカで生活するには、まず英語を完璧にしたいという思いがあるからである。

▲…神戸から転入してきたヤン・チェン（1993年）

ヤンのように英語を母語としない生徒を、最初から普通のクラスに入れるのではなく、英語がきちんとわかるようになるまで、算数や歴史などの主要科目を、生徒の母語で受けられる「バイリンガル（二言語）教育制度」がアメリカにはある。スペイン語、北京語、ハイチのクレオール語、ロシア語、ハングル、ベトナム語、ベンガル語、アラビア語など、移民の数に応じて、バイリンガル教育の対象となる言語も決められる。

現在のバイリンガル教育の発端となったのは、一九五九年のキューバ革命だった。フロリダ州に逃れた十数万のキューバ人難民は、スペイン語を死守する運動を始め、それにメキシコやプエルトリコ出身の移民が加わった。一方テキサス州では、ラテンアメリカ人の子供に学校の中退者が目立ち、六七年、「英語を母語としない生徒には、特別の配慮が必要」という議案が連邦議会に提出された。翌年それは、限られた英語力の子供たちの教育に、国の予算をあてる「米国バイリンガル教育法」になる。しかしこれは、子供の第一言語から英語への移行を助けることを目的とし、第一言語の維持には注意が向けられなかった。

それを変えたのが七四年の最高裁判決だった。中国人の父兄がサンフランシスコの学校区を訴え、公立校は英語力が不十分な生徒にも、英語のできる生徒と同等の教育の機会を与えるべきという判断が下された。その結果、バイリンガル教授方法、ＥＳＬ、英語の個別指導などの開発を促す「平等教育機会法」が生まれ、バイリンガル教育の転機になる。

こういった法律はできても、バイリンガル教育への反対者は多い。子供たちがあまりにもゆっくりと英語を学び、普通の授業内容を把握できる英語力を身につけない、という理由からだ。またコストのかかりすぎ、政治家の票集め政策だと皮肉ることもある。アメリカの公用語は英語であり、英語を話せないとアメリカ人としてのアイデンティティーが高まらないと、愛国的な面も主張する。

逆に賛成者の言い分は、子供一人一人の学力レベルは異なり、新しい環境に適応しなければならないストレスは大きいとする。また、母語と英語を同じように使えるのは素晴らしいことで、文化の多様性は国を豊かにすると、多民族国家の利点を強調する。

カリフォルニア州では、公立校（高校まで）生徒の四分の一に当たる百四十万人が、英語力に限りのある生徒で、その八割がラテンアメリカ人、一五パーセントがアジア人である。だがバイリンガル教育への風当たりは強く、九八年には主にラテンアメリカ人を標的にしたバイリンガル教育反対の提議に、市民の六割以上が賛成票を入れた。ちなみに、三千四百万の州民の三分の一近くはラテンアメリカ系である。

一方、東海岸の状況は西海岸と違い、バイリンガル教育には好意的である。カリフォルニアのように、教育政策を住民投票で決めるシステムがないことも影響しているが、たとえばニューヨーク州は、バイリンガル教育に携わる教師の育成に力を入れ、教職員組合もバイリンガル教育擁護で団結している。そして九年生（中学三年）以上でアメリカに来た生徒は、大学準備試験（ＳＡＴ）をスペイン語、中国語、ハングルなどでも受けられるようにしている。

○

ニューヨーク市の公立校（幼稚園から十二年生まで）は、百十万の生徒数を持つ全米最大の学校システムだ。そのうち英語力に限りのある生徒は十五万で、その内訳はスペイン語圏者が最大で九万七千人、次は中国語圏の一万五千人となっている（一九九八〜九九年度）。しかしながら、そういう生徒が皆、バイリンガル授業を受けているわけではない。バイリンガル授業を実施している学校は限られているし、ＥＳＬプログラムのみという生徒は七万近くいる。またバイリンガル教師七千人も、バイリンガルやESL教諭の資格を必ずしも持っているわけではない。

市の教育委員会のバイリンガル事務局の中に、「アジア系言語のバイリンガル教育技術補助センター」(通称アルベタック)がある。所長のフローレンス・プーフォークスはビルマ系で、「ニューヨーク市はバイリンガル教育に対して、寛大というよりは、考慮していると言ったほうが当たっています」と語る。同市は他の裕福な地域に比べて、生徒一人当たりに使われる予算がかなり低いからだ。

アルベタックは、州のバイリンガル・プログラムに沿って、教師やコミュニティー団体に技術的な援助を与えている。また州の他の機関と横のつながりを図るため、ワークショップを開いたり、それぞれのコミュニティーの代表に、財団からどのように基金をもらうかというコツも教える。

アルベタックの職員、インド系のシカエア・ダラールはこう語る。

「バングラデシュ人、パキスタン人は、新しい移民グループです。ですから問題もより基本的です。一番いい予算の使い方を皆で考えるのですが、去年は会議を開きました。ベンガル語は今まで教科書がなかったので、今年は本を作ることに予算をあてました。そして、もっと多くのベンガル人教師を採用する努力もしています」

一口にバイリンガル教師と言っても、英語も母語も同じように話せる人、母語は流ちょうでも英語はそれほどでもない人、またその逆の人、英語を書くのが苦手な人と、各人が持っている能力にも差がある。しかし教師の問題は言葉だけではなく、文化の面も大きいとダラールは指摘する。アジア人は伝統的にレクチャー形式の教え方をするので、教師と生徒とのコミュニケーションが少ない。「中国では受け身型の講義、権威主義的な教え方が千年以上も続いてきたので、それを変えるのはむずかしいです」と、中国系の職員マイケル・ワンは言う。

アジア文化の所産である子供たちは、相手の目を見て話さなかったり、クラスで率先して発表することをしない。また祖国の授業のテンポがゆっくりだったため、アメリカの学校の授業の速さについていけない子もいる。英語がわかるようになってから普通のクラスに移ると、フラストレーションに陥り、中退したり、「ギャング・グループ」に入る生徒も出てくる。バイリンガル・クラスは一種の「温室」なので、バイリンガル教師だけでなく、一般の教師の教育にも焦点を当てるべきだと、アルベタックの職員は口をそろえて言う。生徒の学習のパターンや家族背景を知れば、バイリンガルからメインストリームのクラスへの橋渡し役ができるからだ。

「バイリンガル教育は、非常に新しいコンセプト。ですから誤解している人も多いです。六、七、八年生でアメリカへ来た生徒が、一番の苦境に置かれており、子供たちの間にも人種的な緊張感は存在しています」とダラールは付け加えた。

2――親のプレッシャー

眼鏡をかけた中肉中背のポール・リン（仮名）は三十三歳。柔術が好きで、明治生まれの格闘家、前田光世（通称コンデ・コマ）を尊敬している。

ポールは台湾で生まれ、五歳のときアメリカへ来た。だから台湾については、狭い家で暮らしていたこと、蒸し暑い気候、保育園へ通っていたことぐらいしか思い出せない。

ポールの父は負債を作り、一九七〇年代の始め、母親と一緒にアメリカへ来た。そのため彼は約一年間、一つ下の弟と一緒に祖父母に育てられた。後でニューヨークへ行くことになったとき、祖父母と離れるのが悲しくて泣いた。台湾へはそれっきり帰っていない。両親はそういうことをさせてくれる金銭的余裕もなかった。

幼かったポールは、すぐに英語を覚えた。小学生のとき、両親が週末だけ、チャイナタウンの中国語学校に通わせようとしたことがある。家では北京語を使っていたのに、その学校で教えていたのは広東語だった。ポールはそんな所には行きたくないと反抗した。

両親は金もなく学歴もなかったが、ポールにはいい学校へ行くよう言い聞かせた。老齢の両親は息子が見るという中国の伝統文化のせいだろう、父はポールがいい大学に入り、いい仕事を見つけ、将来も自分たちを安心させてくれることを望んでいた。

ニューヨーク市のスタイベサント高校は、ブロンクス・サイエンス高校、ブルックリン・テクニカル高校と並んで、成績のいい生徒が行く公立校である。入試の結果で合格が決まるので、とても民主的だとポールは思った。受験勉強をしていたとき、彼の睡眠時間は五時間。ストレスのたまる毎日だった。彼はブロンクス・サイエンスに合格したものの、学校をあまり好きになれず退学。もう一年中学に残って、翌年スタイベサントを受け直した。「来年受からないと、お前を家から追い出す」と、父には言われた。

スタイベサントの学校生活は楽しかった。三十人あまりのクラスメートにはアジア人と白人が多く、黒人やラテンアメリカ人は少なかった。皆が皆、エリート意識が高く、競争もそれだけ激しかった。教師はリベラル、オープンで、教え方もていねいだった。進路指導のカウンセラーはいたが、あまり頼りにならなかった。人数も少なかったせいか、十五分くらい話をすると、「じゃあ次の機会にね」と席を立つよう促された。

ポールの母は、子供たちを大学に行かせるにはお金がかかる、だから貯金をしないといけないと考えていた。ところが父は、アメリカではただで学校に行ける、政府が払ってくれると言って学費のことには無頓着だった。母はいつも父を恐れ、何も言い返せなかった。

小さい頃からポールは飛行機にあこがれ、大学の学部についても、その分野でいろいろリサーチをしていた。しかし彼はスタイベサントを卒業しても、マサチューセッツ工科、カリフォルニア工科のような「一流」のエンジニア校に行けなかった。私立のシラキュース大学の航空宇宙技術学部が受け入れの許可をくれたが、学費を払える見込みはなかった。だから八六年、彼はバッファローのニューヨーク州立大学に入った。

世界的に有名なナイアガラの滝には近くても、バッファローは観光客もまばらで、白人の多い町だった。ニューヨーク州の地方から来た学生に、ポールは、アジア人を見るのは初めてだと言われたこともある。授業料と生活費は、奨学金や学生ローン、アルバイト料、そして親が時々くれる小遣いなどでまかなった。九十九セントのハンバーガーで我慢したり、何も食べないときもあった。クラスで発表する課題があったとき、教授からきちんとスーツを着てのぞむよう言われても、彼は何も持っていなかった。だから家に帰って弟のスーツを借りた。両親は弟にはお金をあげていたのである。高校のときと違い、大学時代は働いていた時間が多かったので、友達もつくれず、つまらない学校生活を送った。

ポールは航空宇宙技術ではいい成績を取れなかった。たとえ卒業できたとしても、競争が厳しくて仕事を見付けるのも大変だろう……。そう考えて、彼は五年目にニューヨーク・シティー大学のエンジニア学部に転入学し、自宅から通学した。

シティー大学には留学生やマイノリティーの教授が多く居心地がよかった。実際ニューヨーク市は、全米で最多の留学生を抱えている都市である。留学生の過半数はアジア人で、アメリカ人学生

▲…アメリカにはアジアからの留学生が多い

をあまり引き付けないエンジニアや科学の分野に集中している。

バッファローに比べると、シティー大学はキャンパスも小さく、教授に会うのも簡単だった。「ぼくは働かないといけないんです」と言うと、教授はわかってくれた。自分で学費を稼がないといけない、彼のような境遇の学生が多かったからだ。バッファローの教授は、「学業に専念できないのなら退学したほうがいい」と言うのが落ちだった。

大学の中にも「政治」があり、ある白人教授は、ポールより成績の劣る白人学生に、高い評価を付けた。また彼のレポートを、まるで自分がまとめたかのように授業で使った教授もいた。彼は学士号を取るのに八年かかり、ずいぶん時間を無駄にしたように感じた。

卒業しても彼はすぐに就職せず、父親の仕事を手伝ったりした。ある日大学のクラスメートとばったり会い、彼がコンピュータ・コンサルタントとして高収入を得ていることを知る。大学時代、ポールも大型コンピュータについて学んだが、あまりにも非人間的に見えて、好きになれなかった。彼はちょうど、自分の進路・人生について真剣に考えていたときだった。同じ学部を出たクラスメートが、高給と素晴らしいキャリアを望めるコンピュータの分野で活路を見出していた。ポールは大きな刺激を受けた。それから独学でコンピュータを勉強し始め、週末には学校へも通った。

九九年、電話通信がどのように機能するかがわかってきた頃、ポールはヘッドハンターにコンタクトを取り、仕事を探し始めた。ヘッドハンターは彼の高度な知識に感銘し、あるスタートアップ企業を紹介した。そして彼はマンハッタンの会社にセールス・エンジニアとして採用された。日系企業も投資している会社で、高速で高性能の電話回線を中小企業に提供している。まだ新しい会社なので、どうやって顧客の期待に応えるか、社員は皆、試行錯誤を繰り返していて、それだけに失敗も多かった。

会社の中にも「政治」はあった。すきを見せると、悪口を言う社員もいた。そういう中でもポールは、夜にデータ通信のクラスを受講して、新しい知識を身につける努力を怠らなかった。すると彼の知識は先輩社員を追い越し、データ通信の顧客を皆、彼が引き受けるようになった。システムに問題が生じたとき、どこがおかしいかを分析することもある。ひと月に三十五件の注文を受けたこともあった。顧客の要求は高く、いつも忙しい。それでも、これまで人と交わることが少なかった彼には、客との対話は楽しく、何よりも教科書で学べないことを学べるのがうれしい。

インターネットは成長産業で、ポールはできればシスコのような大会社で働きたいと思っている。

IT（情報技術）業界では経験がものを言い、高卒でも資格さえ取れば、どういう技術を持っているかで、いい仕事に就ける。常に自分を教育することは成功への鍵だと彼は思う。

実際、アメリカの情報産業は、ポールのようなアジア人によって支えられている。一九七〇年から九〇年にかけて、アメリカの科学技術専門職の数は、百八十万から二百九十万に増えた。しかし国内ではそれに見合う人材が見つからず、留学生や外国人がその穴を埋めた。とりわけ、九〇年代の高景気の立て役者コンピュータ業界は、外国人に頼った。

シリコンバレーの企業はアジアでも技術者を探し、採用を決めると、H1-Bビザ取得の手続きをふむ。このビザは、高度の専門技術を持つ人に発給される三年の労働ビザで、二〇〇〇会計年度の発給枠は十一万五千。九八年度の六万五千から一挙に増えたのは、業界がロビー活動に力を入れ、多額の政治献金をした成果だと言われている。H1-Bビザの半数近くはインド人によって占められている。

○

ポールは現在も父親との間に確執がある。「移民は将来を子供に託し、親が犠牲になる」とよく言われる。しかし彼の場合はその逆で、子供が親の犠牲になったような気がしている。大学に入学するとき父に「お金が欲しい」と言うと、「出ていけ」と怒鳴られた。ポールは、親が移民でも貧乏でも構わなかった。自分をいつも「成功まちがいなしの少年」のように感じていた。ニューヨークでは最高と言われるスタイベサント高校に合格し、一つ一つ素晴らしい将来への階段を踏みしめているようだった。自分しだいで道を切り開けると思った。

しかし大学に行くときになって、両親は金銭的に助けてくれず、裏切られたように感じた。

父はアメリカのシステムを理解せず、英語を学ぼうとしなかった。いつも臆病で失敗を恐れ、危険だからと株も買わず、車の免許も取らなかった。父はまた「女は男に劣る」と感じていることをおくびにも出さず、「昔の中国人は、夫が妻を食べさせられないと見られるのが嫌で、妻を働かせなかったが、私は違う」と人には説明していた。父は人当たりがよく、どう話すか、何を隠すかを知っていた。

八〇年代の終わりに中国へ渡ってビジネスを始めた父は、始めはうまくいかず、一家は母の給料だけを頼りに暮らしていた。一家が無一文になった頃、父は経験豊かなパートナーを見つけ、きょうだいから金を借り、アメリカ製のコンピュータ・パーツを輸入する事業を始めた。それがうまくいって、金銭的な余裕が出てくると、父はごう慢になった。パートナーは、父に利用されたと恨んだ。父のビジネス哲学とは、努力して得た技術を生かして金を作るのではなく、人と接触して仕事をもらい、その利ざやを得るという「取引屋」の性格を持っていた。

ポールは北京語をうまく話せず、両親の英語には限界があった。家庭での会話は、北京語が半分、英語が半分で、両親とも外で働いていたこともあって、コミュニケーションがスムーズにいかなかった。「中国」と「アメリカ」という親子の文化摩擦、そして世代間のギャップも、言葉の問題をより複雑にしたと彼は思っている。

弟は、ブルックリン・テクニカル高校からハンター・カレッジに行った。弟は有名になりたかった。ロックをやり、ギターを弾くのがうまかった。ものを書くことにも、映画にも興味を持った。俳優になることにあこがれ、二本の映画にエキストラとして出た。しかしアメリカではアジア系の役は限られ、有名なアジア系アメリカ人の俳優はほとんどいない。そういう現実を見て、弟はうつ病になり、両親が上海へ連れて行った。そして父は弟を中国人女性と結婚させた。弟を見てくれるし、中国人なら、親もはっきりとものを言えると考えたようだった。弟は中国人に英語を教えたりしているが、定職はない。

九八年、ポールは中国に三か月間滞在した。母は兄が来てくれれば、弟も少しはよくなると思ったようだった。上海ではいろんな人に会えて楽しかった。アメリカやドイツのビジネスマンが、「中国人とは商売はやりにくい、自分たちは差別されている」と言うのを聞いたとき、「ぼくたちのクラブへようこそ！」と、言ってやりたい気分になった。アメリカやドイツで、アジア人がどんなに差別されているか、彼らは知らなすぎると思った。中国に行って、初めて彼らも「マイノリティー」の経験、つまりポールたちがアメリカで体験している苦い状況がわかったのだろうと、小気味よく感じたのである。

3——少女たちのあこがれ、コニー・チャン

一九八〇年代の終わりに、ある日本人女性がニューヨーク市のNBCテレビのスタジオ・ツアーに参加した。ツアー客が最後に通されたのが、スタジオの観客席だった。そこに控えていた二人の白人男性スタッフは編集機を操り、ツアー客一人一人をモニターテレビに映し出した。そして肩まで髪を伸ばした日本人の顔がモニターに映ると、男性スタッフは笑いながら「ここにいるのはコニー・チャンです」と言った。

女性は当時NBCのニュース・キャスターをしていたチャンの名を知っていた。アメリカ人の知人が、知的でパワーのあるチャンの話し方を気に入っていたからだ。しかし彼女は、チャンには似ていなかったし、毎回、東洋の女性ツアー客をチャンに仕立て上げていると思われる、NBC社員の短絡さにあきれた。チャンがアジア系を代表するテレビ・ジャーナリストだったからだろうと彼女が思えるようになったのは、ずっと後になってからだった。

コニー・チャンは一九四六年に首都ワシントンで生まれた。六九年にメリーランド大学を卒業し、地元のローカル局で、雑用係、ライター、そして記者を務め、七一年には、CBSテレビのワシントン支局を拠点に、大統領選挙やウォーターゲート事件などを担当した。中国系は「おとなしくていねい」というレッテルをはられていたが、その殻を破ろうと、チャンは群衆の前で質問を叫んだり、できるだけ人目に付くようふるまった。そして七六年に、ロサンゼルスのローカル局KNXTにキャスターとして引き抜かれ、視聴率アップに貢献する。

八三年になると、ニューヨークの全米ネットワーク局NBCテレビへ移り、『サンライズのNBCニュース』、『NBCニュース・ダイジェスト』などのキャスターを務めた。八九年には年収数億円といううわさでCBSテレビに引き抜かれ、『コニー・チャンと共に土曜日の夜を』、『コニー・チャンと一対一で向かい会って』などの一時間番組でホストをした。そして九三〜九五年には、『CBSイーブニング・ニュース』の男性看板キャスター、ダン・ラザーとペアーでアンカーを務めたこともある。

しかしラザーをそのまま残す形でチャンは降番。その後、彼女はABCテレビに移籍した。「アメリカのローカル局では、女の記者やキャスターは男よりも数が多いのに、ネットワーク局は（男性中心主義で）いまだに暗黒時代」と、彼女はボストン・グローブ紙に不満をぶつけている。

彼女のとんとん拍子の成功で、「コニー・チャン・シンドローム」という言葉が生まれた。各局にアジア系女性をキャスターや記者として採用したり、若くて魅力的なアジア系女性を白人男性キャスターと組ませたり、コニー・チャンを目指してテレビ・ジャーナリズムを専攻するアジア系女性が増えている、などの現象を指している。

しかし彼女の成功は素晴らしくても、アジア系コミュニティーとは距離を置きたがっているように見えるチャンを快く思わない人もいる。「アジア系アメリカ人ジャーナリスト連盟」が、彼女を九一年の定例会に基調講演者として招いたのに、本人は現れず、自分のスピーチを撮ったビデオテープが届けられたからだ。この連盟は、ジャーナリズム界にアジア人の雇用を増やす活動をし、またその世界を目指すアジア系学生を支援し、アジア系アメリカ人について、正確で思慮のある報道をするよう求めている。

○

ニューヨークのローカル局WPIXで、夜十時のニュース番組のアンカーを務めるケイティ・トンは、チャンに比べると庶民的だ。トンは中国青島に生まれ、四歳のときにアメリカへ来た。「アジア人移民の親によくあるように」、彼女は母親から、勉強をして本をたくさん読むように言われた。実際彼女は本の虫になった。首都ワシントン郊外の図書館員は親切で、十歳の彼女に、大人用の貸し出しカードを発行してくれた。

七〇年代の初め、英文学部の学生だったトンの頭には、ジャーナリストという職業はなかった。土曜日も図書館で本を読む生活をし、社交性もなかった彼女が思い描いていたのは大学教授だった。当時カリフォルニアのスタンフォード大学に、一番長い大学院課程があったので、そこの中国日本文学部に行って研究に徹しようと思った。母はスタンフォードで、「いい中国人男性を（伴侶に）

見つけられるだろう」と喜んだ。

そういう生い立ちを、トンは九九年五月、マンハッタンの市立図書館のミーティングルームで披露した。彼女を招いたのは「中国系アメリカ人図書館員連盟」で、演題は「ニュース人の一日」。約六十人の聴衆を前に、トンは小さい頃から図書館が大好きだったので招待されてうれしいと語り、同じ番組の天気予報官を招くほど、サービス精神が旺盛だった。大学院に在学中、サンフランシスコのラジオ局で編集制作に携わったことが、トンにとってジャーナリストの初仕事となる。そのときに仕事のおもしろさを知り、最初はサンフランシスコのテレビ局の記者になった。七九年には、サクラメントのKCRAテレビで、午後五時と十時のニュース番組のキャスターに抜擢された。そして八一年、ニューヨークのローカル局の記者になり、その後五時と十一時のニュース番組のアンカーに昇進。しかし九一年、経費削減を理由に解雇。九二年から、今度は別のローカル局で、アンカーを務めるようになった。

トンの勤務時間は月~金曜日の午後三時から十一時。午前七時には起きて、中学生の一人息子を学校に送り出す。再び睡眠を少し取ってから、新聞にザッと目を通す。三時には編集会議があり、どういう内容をカバーすべきかを話し合う。夕方は一時間ほど帰宅して息子と夕食を一緒にとり、母子のコミュニケーションを絶やさないようにしている。問題を提起すれば社会を変えられるという思いがあるので、テレビ・ジャーナリズムを退屈だと感じたことはない。

コニー・チャンやケイティ・トンが、七〇年代にテレビ局に採用されたのは、一つにはアファーマティブ・アクション（差別撤廃措置）があったからだ。六〇年代の公民権運動から生まれたこの措置は、企業や政府機関にもっとマイノリティーや女性を採用するように指導し、それまでの白人男性中心主義の変革を促した。

○

ヴォアリー・カイサイシャクは、ニューヨーク・シティー大学でラジオと民族学を専攻した。ジャーナリズムに興味を持ったのは十二歳くらいのときで、コニー・チャンの影響が大きかった。

「だれもかれもがコニー・チャンを見てました。わあ、アジア人の女の人がテレビに出ていてすごいと……。皆、私もコニー・チャンのようになりたいと言ってました。

でも次第に私は、彼女のイメージとか、アジア系アメリカ人のジャーナリストとしてやっていることは不十分、パワー不足だと思うようになったのです。だれもがテレビを持っているわけではない、でも皆ラジオは持っている、だからずっと簡単だと私は浅はかにも思ったのです。

ラジオは第一のメディアであり、どこにでも持っていける。世の中を見るにはより優れた方法を提供していると思います。テレビのように視覚でなく、言葉で語らないといけないからです。画像で語るのは簡単ですが、ラジオでは言葉で画像を提供しなければなりません。私はそれは美しい事だと思いました。

私は物語を聞くのが大好きです。昔は父が寝る前によく話をしてくれ、祖母もラオスの話をしてくれました。素晴らしかった。自分の想像力を使わないといけなかったからです」

ヴォアリーは高校時代、校内新聞の特別記事の編集者をしていた。校内テレビでもレポートがう

▲…市民グループの集会でスピーチをするヴォアリー（ウエイン・ラム撮影）

まかったので、皆からテレビ・ジャーナリズムに進むよう言われた。

「でも私は、情報が正確であることよりも、自分がかわいくあろうとしているようにいつも感じてました。おまけに自分でメークを全部やれると思わなかった。テレビのためにメークをするのは大変。ラジオだと何の必要もありません。簡単です。私はもう一人の『かわいい顔』になりたくなかった。『かわいい顔』になるのは簡単です。ドレスアップするのも……。でも、とても複雑な話の中に入って、それを語るのは本当にむずかしい。『かわいい顔』でいると、時々それが大変になります。

これは私のエゴですが、私は普通の人よりはいい声をしていると思ってます。でも視覚的に私を見る人は、注意をそらされると思います。もし私が電話を取って人と話すだけなら、そういうことはないでしょう。私の容姿ではなく、私の声にもっと注意すれば、人は私がしゃべっていることを聞きやすくなる。

視覚的な人間は容姿を問題にすると思います。このルールをいつも頭に入れておかないといけないのは大変です。私は気分的に楽でいたい。私が唯一楽になれるのは私の声です。私は自分の容姿にも、服装にも安心できない。でも声には安心できるんです」

ラオス生まれのモン族ヴォアリーは、八〇年に六歳のときアメリカへ来た。モンは、ラオスでは生活条件の悪い高地に住む少数民族である。ベトナム戦争の最中、米中央情報局（ＣＩＡ）に協力したため（ＣＩＡの秘密の戦争とも呼ばれる）、七五年にアメリカ軍が撤退すると、ビエンチャンの共産党政権の迫害を受けて、多くが共産党兵に殺されたり、「黄色い雨」と呼ばれる猛毒で死んだ。メコン川を越えてタイに逃げたモン族は、難民キャンプで暮らし、そこからアメリカ、ヨーロッパ、オーストラリアに旅立って新しい生活を始めた。アメリカにはおよそ十五万のモン族が住んでいる。

ヴォアリー一家はアメリカに来てから、バージニア、サウスカロライナ、テキサス、カリフォルニア州と移り住んだ。子供を重宝するモン文化にもれず、ヴォアリーは七人きょうだい。モン移民がたくさん住むカリフォルニア州フレスノでは、毎年モンの新年（クリスマスの頃）に「美人コンテスト」がおこなわれる。イベントの中でだれもが注目するのが、モン・コミュニティーに関するスピーチ・コンテストだ。ヴォアリーは小さい頃から、「もしミス・モンに選ばれたら何を発言するつもりか」とよく父に聞かれた。だから一つ上の姉と彼女は、素晴らしい内容のスピーチを考えなければならなかった。

実際ヴォアリーは、いろんな人から、あなたはしゃべりがうまい、英語がいい、コミュニティーのスピーカーになるべきだと言われた。しかし彼女はモン族であることよりも、汎アジア的になっていた。アメリカでは祖国のことはほとんど報道されず、ニュースでラオスの情報を探すことをやめてしまったからだ。

「私は自分自身をモン族と見ようとすると変になるんです」と彼女は語る。

「自分を確認できるようなものは何も見つけられず、モン族としての生き方、話し方、服装などを、私は殺してしまったみたいです。私が道を歩いていても、私がモン族だと気付く人はだれもいないでしょう。モンであること、モン文化の一部でいるのがいいと思って育っていたなら、私はもっとモン族らしく振る舞っていたと思います。

モン族であることを考えないといけないのは不可能です。だれがモン族のことを知ってますか。だれが気にしますか。『もう克服しなさい、自分の生活を取り戻しなさい』とか言われると、私は迷うでしょう。毎日そうだとしたら、たまらないと思います。『あの人はいつもけんか腰で、いつも同じテーマ、つまり祖国のことしか話さない』と言われたら……」

アメリカのニュース報道は低質だとヴォアリーは語る。メインストリームのニュースだけでは、世界各地で何が起きているかはわからない。ラオスに関しては、最近ようやくCIAの秘密の戦争が語られるようになった程度だ。彼女は、中国に住む七百万のモン族は、六百万のチベット族以上に迫害を受けていると言う。しかしメディアはチベットばかりを取り上げて、モンについて報道することはほとんどない。

▲…アジアからの移民の増加に伴って、尼僧の姿も見かけるようになった。

そういう彼女が手がけたいジャーナリズムは、コミュニティーに根差した内容のものだ。

「たとえば、アジア人の若い尼さんの話をやりたいです。私は彼女を地下鉄で見かけましたが、あの衣装に身を包んで、とても美しかった。彼女の経験、フラッシングの寺で暮らしている様子、彼女の生活全般についての意味をとらえようとする、これがコミュニティーです。彼女はコミュニティーの一部ですが、私たちはあまり気にかけません。この複雑なニューヨークの町で、彼女がどういう生活をしているのかは素晴らしいストーリーだと思います。

私は以前（マンハッタンの）ビレッジに住んでましたが、一個五十セントのホットドッグを売っているコーナーがありました。十二歳くらいの男の子がいて、毎朝彼は父親と一緒に起きてました。ちょっと太っていて、彼を見ているだけで、一生懸命働いて、できるだけたくさんのホットドッグを売ろうとしているのがわかりました。彼が学校へ行っていたかは知りません。でも彼の家族、歴史を見ることができました。

ホットドッグを売っている店はどこにでもあります。それがコミュニティー、文化です。私たちは文化をとどめておかないと、自分たちの文化を教え続けないと、ある時期に失ってしまいます。私たちがだれであるかという意味をなくしてしまいます。ホットドッグを売っている少年の中に、彼の動き方、スタイル、話し方に文化があります。でもこういうストーリーはあまり耳にしません。

株式市場とか投資銀行のことは聞いても、アジア人のことはあまり聞きません。何十万人もがニューヨーク市に住んでいても……。

私は人がどういうふうに暮らしているかに引かれます。他の人々の暮らし方を知ることは私にとっては大切なことなんです」

ヴォアリーは学生時代から、さまざまなラジオ局で研修生として働いていた。そして二〇〇〇年、首都ワシントンのナショナル・パブリック・ラジオ局にフルタイムの職を得て、自分の夢を少しずつ実現させている。

第5章　ステレオタイプに挑むアーティストたち

▲…「パン・エイジアン・レパートリー」プログラム
（左下の男性がジェームズ・サイトウ）

1——アジア人男性にはられた悲しきレッテル

「人種は発明品」で、「すべてのアイデンティティーは社会的建造物」であり、「アジア系アメリカ人というアイデンティティーは、ぼくと同じように三十年前に生まれた」

ハーバード大学ロー・スクールに通うエリック・リウは、自伝的エッセイ『たまたまアジア人』（一九九八年）の中でそう書いている。祖父は第二次大戦で中華民国の空軍大将、自らはイエール大学で学士号を取り、二十五歳でクリントン大統領のスピーチライターになったリウの著書には、エリート意識があふれている。

そのうえ、彼はメインストリームの社会に同化するように育てられたため、マイノリティーの友人がほとんどいない。だから自分自身を、中国系とかアジア系とかに位置付けてこなかった。そして自分のことを「バナナ」と呼んでいる。バナナとは、アジア人の肌の色を黄色と見て、白人のようなメンタリティーを持つアジア人を指す言葉だ。

「グルメ野菜を食べ、妻は白人で、郊外育ち。あからさまな差別を受けたことがなく、選りすぐられた人だけが入れる協会のメンバーで、文化の制作者でもある。自分の声を聞いてもらえることを期待し、なまりのない美しい英語を話し、テレビ番組に白人がたくさん出ていても気にしない、……」

リウがあげている自分のバナナ的要素である。

ところでその名も『バナナの皮をむいています』というパフォーマンスが、九六年四月にニューヨークで上演された。十四人のパフォーマーは、いずれも若きアジア系の男性。肌の色が浅黒く、彫りの深い顔立ちのパキスタン人、カリブ海のトリニダードで幼年時代を過ごしたインド系、細くて背の高い韓国人の同性愛者、少年っぽさが残る中国人、僧侶のように頭をそったベトナム人、東洋と西洋がミックスした雰囲気を持つフィリピン人などが、個人体験をベースにした寸劇を披露した。

高収入が約束されるコンピュータ・スペシャリストや医者、弁護士になることを親から勧められた韓国人。何かにつけ白人からブルース・リーと言われた中国系。「クリスマスを祝わないんだね」と級友に茶化されたパキスタン人。「ぼくたちアジア人男性の生の体を見てほしい」と、最後には一糸まとわず踊ったカンボジア人……。それらは一人一人の体験であっても、アジア人全員が共感できるストーリーでもあった。

この制作を手がけたのは、カリフォルニアから来たゲイリー・サン・エンジェル。しかしそもそもの発案者は、「アジア系の男はもっと自己主張をして、人間的に豊かに暮らしていることをアピ

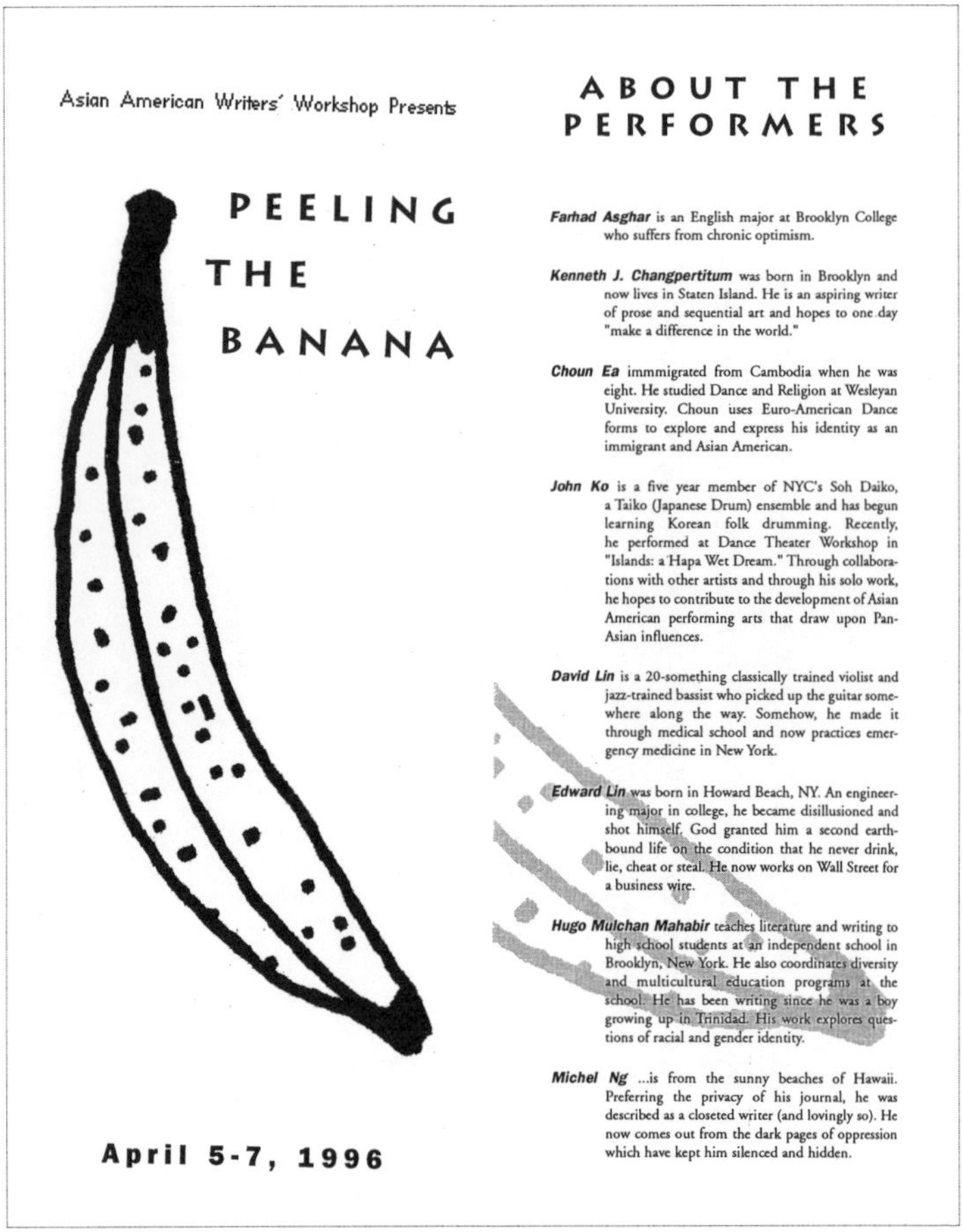

Asian American Writers' Workshop Presents

PEELING THE BANANA

April 5-7, 1996

ABOUT THE PERFORMERS

Farhad Asghar is an English major at Brooklyn College who suffers from chronic optimism.

Kenneth J. Changpertitum was born in Brooklyn and now lives in Staten Island. He is an aspiring writer of prose and sequential art and hopes to one day "make a difference in the world."

Choun Ea immmigrated from Cambodia when he was eight. He studied Dance and Religion at Wesleyan University. Choun uses Euro-American Dance forms to explore and express his identity as an immigrant and Asian American.

John Ko is a five year member of NYC's Soh Daiko, a Taiko (Japanese Drum) ensemble and has begun learning Korean folk drumming. Recently, he performed at Dance Theater Workshop in "Islands: a Hapa Wet Dream." Through collaborations with other artists and through his solo work, he hopes to contribute to the development of Asian American performing arts that draw upon Pan-Asian influences.

David Lin is a 20-something classically trained violist and jazz-trained bassist who picked up the guitar somewhere along the way. Somehow, he made it through medical school and now practices emergency medicine in New York.

Edward Lin was born in Howard Beach, NY. An engineering major in college, he became disillusioned and shot himself. God granted him a second earthbound life on the condition that he never drink, lie, cheat or steal. He now works on Wall Street for a business wire.

Hugo Mulchan Mahabir teaches literature and writing to high school students at an independent school in Brooklyn, New York. He also coordinates diversity and multicultural education programs at the school. He has been writing since he was a boy growing up in Trinidad. His work explores questions of racial and gender identity.

Michel Ng ...is from the sunny beaches of Hawaii. Preferring the privacy of his journal, he was described as a closeted writer (and lovingly so). He now comes out from the dark pages of oppression which have kept him silenced and hidden.

▲…『バナナの皮をむいています』のプログラム

ールすべき」と語る、ロサンゼルスの俳優ダン・クァンだった。映画・テレビ、小説などで、人間らしく描かれてこなかったアジア系男性だからこそ、「自らの声を探し、それを他の人にも聞いてもらえるよう努力せよ」と、クァンははっぱをかける。九四年にアジア人の男を対象にしたワークショップを開き、『アジア人男性についてあなたが知りたがっていた（が、そんな質問はくそっくらえと思っていた）すべて』というパフォーマンスに仕立てて、好評を博す。

フィリピン系の大学生ゲイリーは、クァンからワークショップに誘われたとき、初日だけ顔を出すつもりでいた。しかし実際に参加してみるとおもしろくなり、最後には初心者に演技指導をするようになる。そのワークショップを、彼はニューヨークに持って来た。ゲイリーが『バナナの皮をむいています』という題にしたのは、友人から「お前はあまりにもバナナすぎる」と茶化されたからだった。他のアジア人も同じなのでは……。そう思った彼は、アジア人の男はバナナの皮をむく、すなわち本当の自分をさらけ出す必要があると感じた。

○

アメリカの映画やテレビに登場するアジア人男性は、かつては黄禍（イエロー・ペリル）をあおるような悪人や、庭師、召使、コックといった脇役が多かった。またアジア人の役をヨーロッパ系が肩代わりしたこともある。ハリウッド映画『ティファニーで朝食を』（一九六一年）の日本人写真家は、白人のミッキー・ルーニーが、わざわざ「出っ歯」にさせられて登場している。

制作側のアジア人に対する無知・偏見は、時代と社会の反映でもあった。無声映画時代から活躍したハリウッドスター早川雪洲（一八八六〜一九七三年）の代表作に、『チート』（一九一五年）がある。金持ちの日本人（早川）が、株で大金をすった白人の人妻に、一万ドルと引き替えに性的関係を迫る。後で女は金を返し、約束を反古にしたため、二人はもみ合いになる。男は女の肩に「鳥居」印の烙印を押す。女はピストルで男にけがを負わせ、夫は妻の身代わりとして法廷に立つ。夫が有罪を宣告されと、妻は撃ったのは自分だと告白し、肩の烙印を見せる。そして最後に夫が無罪・釈放されるという筋書で、悪魔のように冷たく笑う早川に、白人女性は魅了されたという。

アメリカ政府は、日露戦争（一九〇五年）に勝った日本を脅威に感じながらも、非白人の文化の低い国家と見なしていた。第一次大戦で日米が同盟国になると、日本政府の圧力で、『チート』の主人公の名前はビルマ人の名前に代わる。早川は、悪役を演じれば演じるほど日本政府から非難され、日系アメリカ人からも嫌われた。

それでも早川はどんな役でも楽しんで演じていた。これは『龍の娘』（一九三一年）で早川と共演した、当時のもう一人のアジア系スター、アナ・メイ・ワン（一九〇五〜六一年）とは対照的だった。ワンは、チャイナドレスを着た定番の役柄に不満をつのらせていたからだ。二人の違いは、アメリカで生まれ、アメリカ人としてのプライドがあったワンと、日本人として演じていた早川の違いだと言われている。

ハリウッドでは戦争も格好のテーマとなり、日本軍の真珠湾攻撃の後には反日映画が作られ、日本兵には「ニップ」、「ジャップ」などの蔑称が使われた。市民になじみの薄い朝鮮戦争は、ハリウッドの興行収益増につながらなかったが、ベトナム戦争に関しては多数の作品が作られた。しかし

▲…“人形”になって売られるブルース・リー

その多くは、反ベトナム感情をアメリカ人に植えつける内容だった。

○

香港のカンフー映画の主役を演じ、国際的なスターになった中国系アメリカ人のブルース・リーは、俳優のジェームズ・サイトウにとってもあこがれの存在だった。

「彼は強いアジア人だったからよかったんです。どもったり、問題を抱えたアジア人ではなく、いい性格で、みんなから尊敬されてました。ぼくにプライドを与えてくれたことはまちがいありません」

七〇年代から活動し、映画『ホーム・アローン3』(一九九七年)、『トーマス・クラウン・アフェアー』(一九九九年)などに出演してきたジェームズは、長兄ビルの影響を受けて役者の世界に入った。ビルはスタントマンとしてスタートし、映画やテレビでアジア人を見るのが珍しかった頃から、『砲艦サン・パブロ』（一九六六年）やジェームズ・ボンド映画などに出ていた。兄がやれるのなら自分もできるはずだと思い、またダンサーの姉にも刺激され、ジェームズは中学のときに演劇のクラスを取って舞台に立った。高校でもそれは続き、大学では演劇を専攻、プロのインストラクターからも演技指導を受けた。

「（アジア系俳優の）状況はよくなっています。毎年仕事が増え、チャイナタウンのギャングとか、やくざ、間の抜けた旅行者だけとは限らないと（制作者は）繊細になっています。それでもなまりがあったり、間違った文法の英語を話すよう要求されることは多いです。ぼくたちはまずアメリカ人なのに、多くの役がそう書かれない。アジア系のライターも、最近まであまりいなかったし、アジア系じゃない人がアジア人の役を書いてました。でも必ずしも彼らを責められませんね。ぼくがアフリカのアフリカ人のこと、あるいはフランス人のことを書けば、ステレオタイプ化したり、一般化してしまうと思うので」

ジェームズにとって一番印象に残っている役は、CBSテレビで放送された『血と蘭』（一九八六年）の弁護士だった。これはハワイの四人の少年が、海軍将校の妻をレイプした罪で起訴された一九三〇年代の実話を映画化したもので、権力を握っていた白人に対するハワイ住民の反感を強めた事件だった。弁護士役のグレゴリー・ペックが好演した六二年の映画『アラバマ物語』のように、裁判で勝てる見込みはほとんどなかったが、ジェームズは四人を弁護する「普通のアメリカ人」を演じることができた。役そのものだけでなく、素晴らしいキャストにも恵まれた。

現実には、病気やけがのときにアジア系の医者に診てもらうことはある。だからこれからも、普通の医者、弁護士、会社員などを演じられるようジェームズは望んでいる。そして役者としては、一番むずかしい役が一番おもしろいし、やりがいもあると彼は言う。

「感動、情緒、生き方といった点で、人生の中のいろんな要素が要求されます。どこのレストランに行こうか、インタビューにはどの服を着て行こうか、そういう日常的なことではなく、生死に関わる問題や、人生の葛藤、パートナーの選択、裏切り、欲望、悲嘆、苦痛、混乱……。ぼくは正直に演じたいので、とても苦しくなる所まで行かないといけないことがある。でもそれは必要なことで、ぼくの仕事です。やった後は、本当に満足感があります。雑貨商を演じて、『五ドル五十セント。はい、これがおつり、また明日ね』と言うのは簡単ですが、人生を左右するような役には、多くのことが要求されるのです」

ロサンゼルスで生まれ育ち、主にテレビや映画の仕事をしていたジェームズは、八七年にニューヨークへ来た。ニューヨークがどんな所か興味があったからだ。

映像の世界では共演者同士の交流はあまりない。自分の撮影があるときだけスタジオに出向いて、共演者とは当日顔を合わせるだけ。撮影日がずれるとすれ違いになる。どこで演技するかは、当日に初めてわかり、衣装もそのときに初めて着る。役者は自分のシーンやクローズアップだけをやり、自分のことだけを気にして孤立し、だれがいくら稼いでいるか、金勘定をしているのがロサンゼルスだとジェームズは感じていた。そしてだだっ広く、ほとんどの人が車で移動するロサンゼルスには、コミュニティー意識がない。

ところがニューヨークは、人間の共存を感じさせる町造りになっている。道を歩くときも、地下鉄やバスに乗るときも、いつも回りにだれかがいる。

テレビや映画などの莫大な制作費に比べると、ブロードウエーの劇場にはほとんど金が回って来ない。しかしジェームズは、ニューヨークの役者は仕事熱心だと思う。舞台で演じるときは、いつも二週間から六週間のリハーサルがあり、どんな役についていても、開演前に集合し、カーテンコールまで残っている。だから役者同士の連帯意識は強い。また役者の権限が大きいので、初日と最終日の演技が違ってくることがよくある。

それとは対照的に、映画は監督に指揮権が集中し、撮影の仕方で、自分の出番が声だけになったり、編集のさいに自分のシーンがカットされたりすることがある。作品が完成するまで、自分がどのように使われているかわからない。それでもジェームズは映画を見るのは大好きだ。制作費の大きな映画に出て、スターと共演できるときは幸せな気分になる。ロバート・デ・ニーロ、ジャック・ニコルソン、アンソニー・ホプキンス、ショーン・ペンのような、表現豊かな俳優にあこがれている。

「以前はできるだけたくさん演技批評を読もうとしましたが、今はそういったものが、ぼくの感情や演技に影響を与えるのがわかってきました」とジェームズは語る。

「もし悪く書かれていると演技に影響してしまいます。やるべきことをやり、ぼくの方向づけが正しいか悪いかを言える、信用できる人を信じるべきだと思うようになりました。新聞記者はあなたのことを書けますが、あなたはその人を知らない。あなたが素晴らしい、あるいはひどいと言われて、何の違いがありますか。あなたのエゴをふくらませるか、しぼませるか、どちらかでしょう。

あなたはやるべきことをやるだけです。ぼくは批評家にインパクトを与えることより、自分でいいと思う仕事をやるように努力しています。リアルに演じているか、できるだけ正直にやっているか、観客を楽しませているか……。

若いアジア人はぼくのことをあまり知りません。でも若い役者が、この世界をぼくがどう思っているかとか、ニューヨークに比べてロサンゼルスはどうかとか知りたければ、もし彼らが真剣なら、ぼくは喜んで話をします。映画に出るのがかっこいいとか、ルックスがいいとか、スターになりたいとかいう人だったら話したくないですね。なぜって、演技はぼくの人生ですから。ぼくが四六時中考えていることです。そのために失ったものも多いですが、逆に得たものもたくさんあります」

パフォーマンスの世界でも民族活動は起きている。メインストリームではチャンスに恵まれないアジア系の才能を育てようと、一九六五年ロサンゼルスに、俳優のマコらによってイースト・ウエスト・プレイヤーズが、七七年にはニューヨークに、舞台監督のティサ・チャンによってパン・エイジアン・レパートリー・シアターが創設された。この二つの劇団はそれぞれの専用の劇場で、年に三~五本の作品を上演している。チャンが語っているように、「私たちは本当は何者か、アーティストとして何を達成できるかという点で、アジア系の俳優を見る機会を増やす場」となってきた。

ジェームズも、中国人カオ・ユウ作の『荒れ地』で主役の農民役をもらい、九四年にパン・エイジアン・レパートリーでの初舞台を踏んだ。

2——昔も今も狭き門の美術界

ニュージャージー州のジンマリー美術館で、一九九七年、『アジアの伝統／現代表現　アジア系アメリカ人のアーティストと抽象画、一九四五年〜一九七〇年』というタイトルの展覧会が開かれた。そこに集められた百五十点の作品は、アジア人移民の先駆者だった日系、中国系、そして日本の植民地下に生まれた韓国系によって制作されたもので、自然をモチーフにした作風は、アジアの伝統を受け継ぐ、地味で平坦な内容だった。

たとえば、ダイアナ・カン（一九二六年香港生まれ）の『山村』（一九六〇年作の絵画）には、彼女が幼い頃から父に師事してきたという書道の影響が強く出ている。モノクロの濃淡の中に、数本の木と青味がかった緑の帯を浮かび上がらせ、憂幻な世界を生み出している。また、トシコ・タカエズ（一九二二年ハワイ生まれ）の『タマリンド』（六三年作の陶磁器。タマリンドは熱帯の高木）は、ひょうたんのような美しい丸みに、淡い模様のついた穏やかな作品になっている。

展覧会を企画したジンマリー美術館のジェフリー・ウェチスラー学芸員には、三つの狙いがあった。まず古い東洋美術には抽象性が存在し、アメリカで抽象画ブームが起きた一九四〇〜六〇年代の絵画に、東洋的な要素が関係していることを認識する。次に、軽視されてきたアジア系の抽象アーティストの作品を記録・評価する。そして、彼らは東洋的要素を保ちながら、東西文化をうまく融合させ、アメリカの抽象表現主義にも貢献したことを記す、の三点である。

東洋では、中国で紀元前一〇〇〇年以上も前に、漢字の元となる象形文字が作られたように、物を抽象化する伝統は、はるか昔から存在していた。人、動植物には同じ生命が流れていると考えら

▲…トシコ・タカエズ『タマリンド』

れ、自然を描くときも、詳細にではなく精神を盛り込むことが大切とされた。それは精神統一を大切にし、自我のないことをよしとした老子・荘子、仏教の教えからも来ていた。そのため、何も描かない空間にも意味があり、陰陽のある作風が重んじられた。

『アジアの伝統／現代表現』の展示会に合わせて開かれたシンポジウムで、カリフォルニア大学のバート・ウインザー助教授が、長谷川三郎（一九〇六～五七年）について触れた。長谷川は、二九年から三二年までアメリカ、イギリス、イタリアで学び、禅に興味を持ってから、モノクロの抽象画を描き始める。五〇年代に再び渡米し、流ちょうな英語で東洋美学を教えた。彼の豊かな知識はサンフランシスコ近郊に住むアーティストたちを魅了し、ニューヨークで講義したときには、抽象画家フランツ・クラインやウイリアム・デ・クーニングなども参加している。

ウインザー助教授によれば、長谷川の目指したものは、地域や国を越えた「トランスナショナリズム」の抽象表現で、ヨーロッパ系アーティストも彼の説いた東洋思想に感化されたという。しかし五〇年代は、アメリカ文化への貢献度ではヨーロッパが頂点に置かれ、東洋の影響はほとんど議論されなかった。

○

ニューヨークは、国内はもちろんのこと、世界中の芸術家を魅了してやまないアートの都になっている。メトロポリタン、近代、グッゲンハイム、ホイットニーのように、巨匠の作品でその名を知られた美術館に加え、ギャラリーの数も多い。

メトロポリタン美術館のような知名度はないが、一九七二年にオープンしたクイーンズ美術館は、コミュニティーとの共存に力を入れている。ジンマリー美術館のシンポジウムにパネリストとして招かれたカーマ・ファウンツレロイ館長は、クイーンズ美術館は、地域住民の変化を反映した運営・教育プログラムに力を入れていると語った。クイーンズには古参のアフリカ、ユダヤ、イタリア、ギリシャ、ドイツ系に加え、最近では韓国、中国、台湾、インド、コロンビア、プエルトリコからの移民が増え、話されている言語は百を越えると言われている。

同館の准学芸員・岩崎仁美は、「美術館はどこも白人の男社会だが、人種と文化が混合するアメリカの現状況で、学芸員が皆白人だったらお話にならない」とジパング誌（二十二号）で語っている。岩崎は「多人種が一番多く集まっているクイーンズ」だからこそ、日本人の自分が採用されたのであり、アメリカ社会には移民の意味をもう一度考え直そうという動きがあると言う。彼女は展覧会のコレクションを管理し、企画に必要な寄付集めも担当する。しかし、決定権をもつ理事には地元の政治家が多く、現代美術に理解はなく、官僚的・非協力的だとぼやく。

クイーンズ美術館が手がけたアジア関連の展示には、『太平洋を越えて。韓国人と韓国系アメリカ人の現代芸術』（一九九三年）、『内側からの光景。一九四二〜四五年、収容キャンプからの日系アメリカ人のアート』（一九九五年）、『現代のアジア芸術。伝統／緊張』（一九九六年）、イギリスからの独立五十周年を記念した『インドからの脱出。南アジアのディアスポラ』（一九九七〜九八年）などがある。

また九六年には、アジア系アーティストの団体「ゴジラ」による討論会を企画した。ゴジラの共

▲…『内側からの光景』展パンフレット

同創設者マーゴ・マチダの司会で、バンコク、ニューヨーク、ワシントン在住のアーティストが、芸術家に及ぼす文化、社会、政治的な環境について意見を交換した。日本の映画シリーズから名前を取った「ゴジラ」は、九〇年に誕生。その目的を「アート、展示会、ミーティング、印刷物を通して、教育と社会変化に貢献する」こととしている。しかしゴジラの一番の不満は、アジア系アーティストの作品がメインストリームの美術界でほとんど目にとまらないことだった。マチダはゴジラのニュースレター（九一年冬）に、イサム・ノグチ、国吉康雄、ナム・ジュン・パイクのような一握りのアーティストを除けば、アジア人の貢献は認識されておらず、文献もないと書いている。

ゴジラの最初の大きな活動は、ホイットニー美術館のビエンナーレ（一九九一年）に「アジア系アーティストの存在がない」と苦情の手紙を書くことだった。ホイットニーの館長はこれに応えてメンバーに会い、アーティストの作品スライドを学芸員に渡し、学芸員とメンバーの話し合いの場を設けることを提案。それが効を奏し、九三年のビエンナーレには、アジア系の作品も何点か展示された。ゴジラはまた独自の展示会も企画し、九三年にはチャイナタウンをイメージしたインスタレーションを、九七年には英語を話さない移民がローンを申請するときに感じる恐怖感を、元銀行の建物の中で再現したりしている。

アジア系の作品が、より多く人目に触れることは素晴らしくても、同じ人種で固まってしまうのはアートにとってプラスなのか、またアジア系の作品がメインストリームに真面目に受けとめられるのか、疑問視する人もいる。

▲…ウイリアムズバーグ・アート・アンド・ヒストリカル・センターを創設した二居祐子（手代木麻生撮影）

○

アートの世界は昔も今も狭き門と語る二居《にい》祐子は、アメリカでアーティストが直面する現実をつぶさに見てきた。特に外国人、女性はそうだった。アーティストはリベラルでも、画商は一般社会の人間で、男のアーティストに目をつけがちだった。女はいずれ家庭に入って子供を育てるので、つまらない絵をかくと思われた。祐子の場合、絵が女性らしくなかったせいか、またユウコという名を女性と思わなかったのか、ミスター・ニイと書かれることが多かったという。

「画廊の数は少し増えていても、数は決まっています。だから最近は画廊に頼らず、アーティスト自身がロフトや店を借りて、自分の作品を公開し、自分でプロモートするようになってきました。

コレクターが集まって来るから、画商は成功します。画商がアーティストの名前を出してくれるかもしれない。プロモートしてくれます。でもアーティストはコレクターを知らないし、画商としては生きていけない。あくまでもアーティストです」

男であろうと女であろうと、アーティストとして食べていくのはむずかしい。だから祐子は、アーティストに発表の機会を増やす場をつくりたいと思っていた。画家、彫刻家、写真家だけでなく、俳優、詩人、ダンサー、ミュージシャンといった、幅広いジャンルのアーティストやアート愛好者が交流を重ね、互いに刺激し合える場をである。アーティストの表現方法はさまざまで、普通の言葉ではなく、感覚、動作、声、ビジュアルな要素のように、ありとあらゆる方法でアイデアや感情を伝えている。三十年を越えるアメリカでの生活で、自分は多くの人に助けられてきた、だからその恩返しに何かをしたいと、祐子は常々考えていた。そして九六年、ニューヨーク市のブルックリンに、非営利団体「ウイリアムズバーグ・アート・アンド・ヒストリカル・センター」を創設し、長年つちかってきた夢を着実に実現させている。

アートを勉強する目的で、一九六三年にアメリカへ渡った祐子は、初めカリフォルニア大学のバークレー校に在籍していた。しかしそこには大勢の日本人や日系人がいて、英語の勉強にならないと思い、ミネソタ州のマカラスター・カレッジに転入。翌年初めてニューヨークを訪れ、美術館やギャラリー巡りをし、この町のおもしろさを知る。ミネソタは実際退屈な所だった。だから大学院は是非ニューヨークの学校にしようと決め、ブルックリンのプラット・インスティチュートに入った。そして卒業後は高校で教えながら創作活動を続けた。

▲…自分のアトリエを開放して作品を公開（ウイリアムズバーグ）

八〇年代の半ば、祐子は広い創作スペースを求めて、ブルックリンの倉庫街ウイリアムズバーグに引っ越した。アパートの近くにビルを二つ買い、人が住めるように自分で中を改装し、アーティストに貸した。彼女は大工仕事が大好きだった。テナントは彼女の友人の子供たちで、ヨーロッパ人が多かった。ウイリアムズバーグはマンハッタンに近く、マンハッタンよりは家賃が安かった。ヨーロッパ人は、アメリカ人以上にそういう金銭感覚には長けていた。

ある日、アパートの近くを車で走っていると、「お化け屋敷」のようなビルが売りに出ていた。中に入ってみると、天井が高くてしっかりした造りだった。屋根裏部屋の付いた地上三階・地下一階のビルは、祐子が思い描いていたアートセンターを実現してくれそうな空間を備えていた。自分で手を加えれば何とかできる……。そしてこのビルがかつては何に使われていたかを調べ、買う決心をした。

ところがビルの所有者は、「アーティストは貧乏でビルなど買えるわけがない」と祐子をはなから相手にしなかった。ビルを見に来たという二百人は、アパートに改造したい人ばかりだった。しかし、ニューヨーク市の「史跡」にも指定されている一八六七年建造のビルを、自分勝手に改装することはできず、買い手もつかない状態だった。

「今まで馬鹿にしていたのに、向こうから電話がかかってきたんですよ」

祐子が見直されたのは、テナントの一人が、彼女の意志の強さをビルの持ち主に教えたからだった。テナントは、ウイリアムズバーグの喫茶店でウエイトレスをしていて、店に来た所有者に、「小さい日本人アーティストが、私のビルを買いたがっている」と話しかけられた。

「その人は私の大家です。彼女がやるって言ったら絶対にやりますよ」

テナントがそう答えると、所有者は驚き、祐子がどういう資産を持っているのかを聞いた。そして五年間の現金支払いという条件で、ついに祐子にビルを売った。

その支払いも二〇〇一年十月で完了する。祐子が始めた非営利団体は、公的な資金援助も受け、現在取りかかっている時計塔の修理は、ニューヨーク市などから支給された四万七千ドルでまかなわれている。また建物外部の改修費用として、助成金三十五万ドルをニューヨーク州に申請中だ。

ウイリアムズバーグ・アート・アンド・ヒストリカル・センターは、多くのボランティアの協力を得て、作品の展示、ダンスのパフォーマンス、音楽会、詩の朗読などをおこなってきた。主に二階と地下が展示会場になり、三階はダンス・カンパニーに賃貸し、少し家賃収入も得ている。祐子のところに、アトリエの探し方やビザの取り方を聞いたり、作品を見せに来たりするアーティストは、国籍や経歴もさまざまだ。

祐子が大切にしているのは「ブリッジ・コンセプト」。センターが、イーストリバーにかかるウイリアムズバーグ橋のすぐ近くにあることも理由だが、人と人のつながりを大切にし、豊富なアイデアを持つアーティストと芸術愛好家の「橋渡し役」を担えればと願っている。祐子自身も、物理的な空間、人種、文化というブリッジを越えて、二十歳のとき船に乗って単身アメリカに来たアーティストだったからだ。

Singkil

Vol 4 • No 2　　Apr / May 1999

A PUBLICATION OF THE ASIAN PACIFIC ALLIANCE OF NEW YORK

POLYNESIAN NIGHT '99: A LUAU
SATURDAY • MARCH 27, 1999 • THE CENTER
L-R: Hawaiian kâné dancers Ed, Philippe, Dr. David and Glenn at APA-NY's second annual luau celebration of the Pacific Islands.

SPRING PARTY '99
THE CENTER • SAT • APRIL 24 • 7:30 PM

APA-NY's 3RD ANNIVERSARY
THE CENTER • SAT • MAY 29 • 7:30 PM

▲…アジア太平洋系ゲイ団体「アパニー」のニュースレター

1――エイズ患者がまだ少ないアジア系だからこそ

二〇〇〇年六月までの累計で、七十五万を越す患者を出したエイズ大国アメリカで、最多のエイズ患者を抱えている都市はニューヨークである。米国疾病予防センター（CDC）がまとめた数は十一万八千人。これはニューヨークに次ぐ四都市、ロサンゼルス、サンフランシスコ、マイアミ、首都ワシントンの患者の合計十一万五千人とほとんど変わらない。そのためニューヨークは「エイズの震源地」とも言われてきた。全米一の八百万の人口と、同性愛者やドラッグ常用者の多い土地柄が感染を広めた要因である。

アメリカ在住のアジア系は、二〇〇〇年まで五千七百人がエイズと診断されてきた。この数は全米の患者の一パーセント以下で、特に女性の感染率は低い。しかしアジア系にとってもニューヨーク市はエイズの震源地となっている。

この町にアジア系のエイズ・サービス機関が生まれたのは八九年のことだった。日系二世の女性

▲…エイズで亡くなった人を追悼するイベント「メモリアル・キルト」(1992年)

たち、HIV陽性者、同性愛者、八一年創設のエイズ団体「ゲイ・メンズ・ヘルス・クライシス」のスタッフが集まって、「アジア太平洋諸島人のHIV/エイズ連盟」(通称アピチャ)を発足させた。当初アピチャは、ある団体の事務所に机を置かせてもらって、細々と活動していた。初めてフルタイムのスタッフを雇えたのは九一年。二〇〇〇年にはその数も二十数名になり、マンハッタンの本部の他に、アジア系移民の多いクイーンズに支部もできている。

アピチャの創設に貢献した一人にスキ・テラダ・ポーツがいる。アピチャが九一年に運営資金を獲得できたのは、スキがある団体に何度も頼み続けていたからだった。当時のアピチャにはまだ非営利団体(NPO)の資格がなく、彼女が所長をしているファミリー・ヘルス・プロジェクトから資金が回って来ていた。

「お金をもらえたのは、私たちが圧力をかけ続けていたからであって、アジア人にあげたかったからではありません。彼らはアジア人は自分たちで何とかすべきだと思っていたし、アジア人のエイズの発症件数は非常に少ないと言いました。でも数が少ないのなら、皆に情報を流して増えないようにすべきです」

彼女がエイズの仕事に関わるようになったのは、八五年にブロンクスで会議運営のアシスタントをしていたときだった。教会、刑務所、病院の牧師で作っている「ニューヨーク市教会カウンシル」は、原因がよくわからないまま死んでいく、黒人やラテンアメリカ人の患者のことを心配していた。

「牧師たちは、なぜそれが起きているのか知りたがってました。でもだれも、黒人やヒスパニック、アジア系、アメリカ・インディアンが、エイズにかかっていると知らなかったのです。ほとんどの人が、白人のゲイや麻薬を打つ人だけの病気だと思って、だれが麻薬を注射するのか見ていませんでした。多くが黒人やヒスパニックだったのに、そうとは言わず、ただ麻薬常用者と呼んでました。カウンシルが実態を把握する会議を持つまで、それをきちんと見ようとした人はいなかったのです。

牧師たちは私に会議の準備を依頼しました。そこで私は市の厚生課や医師会に電話して、講演者としてだれに来てもらえるのか聞きました。ところが皆が皆、『有色人種のマイノリティーの状況は知らないし、エイズにかかっているのは白人のゲイと麻薬常用者だけ』と答えたのです。

会議では、マイノリティー・コミュニティーのエイズ問題を調査する特別班を作ることが決まりました。そしてカウンシルが私に、この特別班を始めるのを手伝ってくれないか、私たちのために運営してくれないかと頼んだのです」

▲…ゲイ&レズビアン・プライド・マーチで行進するアピチャのスタッフ(1999年)

ミルズ大学で教育学を専攻したスキは興味を覚えた。夫を早くに亡くし、女手一人で三人の子を育てた彼女は、「エイズに関するマイノリティー特別班」の所長として、五十歳でエイズ活動家の道を歩むことになる。当時は、真剣にエイズに取り組んでいる人は少なく、スキも試行錯誤を繰り返した。感染者を訪ねて話を聞くと、買い物や子供の世話をしたり、通院中に子守をしてくれる人を欲しがっていた。彼らのほとんどが黒人やラテンアメリカ人の男性で、女性は少なかった。

そのときにスキは、アジア人のためにも何かをしなければと思った。アジア系コミュニティーのことを心配する人は少なく、エイズではアジア人は姿なきマイノリティーだった。アジア人に関しては、限られた統計しかなかったのである。

そこで八六年、スキはアトランタでのCDC会議で、「(連邦レベルで)白人、黒人、ヒスパニック、その他の人種分類で、アジア人とアメリカ・

インディアンは『その他』で一緒にされている。別々の統計を出すべき」と提言した。彼女は、ニューヨークのアメリカ・インディアン・コミュニティー・ハウスの協力も取り付けていた。CDCは「だれもそういう要望を出していない」と、なぜ別々の統計が必要なのかわからなかった。それでも八七年、八八年と同じ要望を出すと、CDCも耳を傾けるようになった。そして八九年七月、スキがCDCの所長に再び話を持ち出すと、八月の報告書に、初めてアジア人と先住アメリカ人を別々にした統計が出た。

それからスキはニューヨーク州・市にも同じ要望を出した。彼らの腰も重かった。スキは業を煮やし、九〇年、CDCの所長などに「私たちは連邦レベルでは成功したのに、ニューヨーク州や市ではまだ」と電話攻勢をかけた。それがないと、コミュニティーの中で教育活動をするのがむずかしいからだ。ようやく州も市も、九一年から別々の統計を出すようになった。

しかしアジア系移民には、自らをアジア人と認識している人は少ないとスキは思う。

「ある会合で、『私たちアジア太平洋諸島人には、何百というエイズの症例があるから、何とかしなければ』と言います。すると日本人のグループがまず口にすることは、『日本人は何人いるのか』です。国や州がそういう分類をしてないと、何人いるのかわかりません。中国人のグループに行くと、皆ていねいに話を聞いてますが、帰る頃になって、『中国人は何人いるのか』と聞いてきます。『私たちは中国人の数を知りたいのであって、他の人達の数は構わない』と言うのです。

アジア人は自分たちをアジア人と言わず、日本人、中国人、韓国人、フィリピン人と言います。中国人には、南京事件などで日本人と一緒に行動したくない人もいます。ニューヨークにはフィリピン人のゲイのグループがあり、今ではインド人のゲイのグループもあります。皆、自分たちでまとまってやりたい。だから（アジア系が）一緒にまとまるのは簡単ではない。でも件数がまだ少ないので、エイズに取り組むときは団結しないといけないし、自分たちをＡＰＩ（アジア太平洋諸島人）と呼ぶべきだと痛感しました」

ニューヨークで、アジア系が活動資金を集めるのはむずかしい。白人の同性愛者には、金を出してくれる有力な友人や知人が多く、黒人の資金集めも強力で、ラテンアメリカ系は「私たちもここにいる」という主張をしっかりやる。最後に金が回って来るのが、アジア系と先住アメリカ人だが、一般のアメリカ人がアジアのことをあまり知らないのも問題だとスキは指摘する。

「レストランで食事をするとき、私たちはアジア料理を食べに行こうとは言いません。日本料理、中華料理、あるいは韓国料理を食べに行こうと言います。アメリカ人はその違いは知っています。でも中国語や韓国語のパンフレットが欲しいと言うと、『金がかかりすぎる』と言われます。ヨーロッパの歴史を知っている人は大勢いますが、アジアのことはあまり知られていません。韓国がどこにあるか、ベトナムがどこにあるか、戦争に行くまでアメリカ人は知りませんでした。アジアはアメリカ人にとっては遠い所なのです」

言語の異なるアジア人移民に対応するため、アピチャは、韓国、中国、台湾、フィリピン、ベトナム、インド、バングラデシュなどの出身者に、各コミュニティーでエイズ教育のアウトリーチ活動を依託している。七百三十七人（九九年三月までの累計）のアジア系エイズ患者の内訳は、中国生まれが八十八人、フィリピン生まれが七十七人、インド生まれが六十一人、日本生まれが四十三人というように、八割が外国生まれである。アメリカ生まれは百三十九人という数字を見れば、新移民への教育やアウトリーチがいかに大切かがわかる。

バングラデシュ人のプロディップ・ゲインは、九七年からエイズの一般知識を広める教育係をしている。週に十五時間、たいていは日曜日に動く。週末にはレストラン、八百屋、床屋などに大勢人が集まるため、効率がいい。バングラデシュからの移民はクイーンズのアストリア地区に多いが、彼は他の地域にも足を延ばすこともある。

「アジア文化はセックスについて語りません。恥ずかしく思ったり、エイズやHIVをこわがったりしています。ですからアウトリーチもむずかしく、無視する人が多いです。特に新しい場所に行くと大変です。歓迎されません。だから同じ場所に何度も出かけて行って、少しずつ、少しずつ、わかってもらうんです。

バングラデシュでも、人はエイズのことを話しません。病院などでポスターを見かけたりしますが、テレビ、新聞などで報道されることもまれです。

ぼくは、おばの知り合いがアピチャで働いていたので、この活動に興味を持ちました。バングラデシュの女性も、アメリカに何年か住めば、徐々に変わっていきます。アメリカの文化を見て活動的になります。おばの話では、バンクラデシュの女性は、夫が自分に対してはいつも正直だと思って、売春婦の所に行くとは考えもしません。夫とはセックスについて話もしないし、セックスをするときも保護具も使いません」

アピチャの活動はコミュニティー・ワークであり、コミュニティーを助けたいという気持ちも、キリスト教徒のプロディップをエイズ予防活動へ動かした。

九九年、マンハッタンのホテルでおこなわれたアピチャの創立「十周年賞の夜と慈善興行」で、スキはアドボカシー（擁護）の部で表彰された。擁護活動はよき同僚、よき理事に恵まれてこそ実行できるのであって、アジア人のことを知らない人に向かって、五十の民族のために活動しなければならないのは大変なことと、歯切れのいい口調で受賞のあいさつをした。

スキは守りたい何かがあると徹底して闘う。以前自宅のそばの公園に、コロンビア大学が体育館を建設する計画を立て、公園の木を切り倒すことになった。「木が全部、切り倒されるのはいや。体育館なんかいらない。コロンビアは大学の敷地内に体育館を造ってほしい」と住民はニューヨーク市に訴えた。しかし建設は認可され、ブルドーザーが来て木を倒そうとした。そのとき、スキた

▲…アピチャのチラシにはアジアのさまざまな言語が使われている

ちは工事現場の真ん中に座り込んだ。やがて警官が来て、座り込み者を逮捕した。

それを耳にしたハワイのおじが、スキの母に電話をかけてきた。

「ずいぶん不名誉なことをしてくれたもんだね。父親が生きてなくてよかったよ。娘が捕まって、警察に連行されるのを見ずにすんだから」

しかし母は、「私たちは木や公園が大好き。スキは公園で遊んで大きくなったんです。娘は木がなくなってほしくなかった。私は娘が悪いことをしたとは思いません」と言った。日系人の知人からも、「お嬢さんが過激になって困りましたね。お気の毒です」という電話があった。「娘が座り込みで抗議していたとき、私は孫たちの面倒を見ていたし、娘の取った行動を気にしていません」と答えると、「母親までおかしくなった」と言われた。スキが家に戻って来たとき、母は「あなたが生きているのを知って皆びっくりするわよ。拘置所に行ったから殺されたか死んだかと思ってるわよ」と笑ったという。

2——リーダー不在の同性愛者コミュニティー

一九九九年もニューヨーク市では、六月の最終日曜日に、ゲイ・アンド・レズビアン・プライドマーチが大々的におこなわれた。最高気温が三十度を越える晴天の中を、奇抜な飾り付けの山車に交じって、思い思いの格好をした男女が、正午の合図とともに五番街を南下した。沿道を埋め尽くした観衆は、行進者の衣装、音楽、ダンスに笑顔で拍手を送った。沿道にはまた、同性愛者のアーティスト、キース・ヘリングの作品をあしらったプライド週間の旗も掲げられ、お祭りムードを盛り上げていた。

九九年で三十回目になるパレードには、アジア系の団体も参加した。ガイアナ出身のインド系も含む「南アジア人レズビアン・アンド・ゲイ同盟」、沿道のアジア系観客に包装紙で包んだコンドームを配っていたエイズ団体「アピチャ」、「イバン／ニューヨークの同性愛者韓国人」、「ニューヨーク・アジア太平洋系同盟」、「ニューヨークの同性愛のアジア太平洋人男性」などが、有色人種の

▲…ゲイ&レズビアン・プライド・マーチのアジア系参加者(1999年)

グループに交じってかっ歩していた。

ところがニューヨークのジュリアーニ市長の一団が、途中からアジア系のすぐ後ろに入って来ると、なごやかなムードが一変した。背広姿のガードマンや警官が警備する中、マイノリティーや移民に冷たい政策を取っている共和党の市長に、アジア系の参加者も「ジュリアーニを逮捕しろ!」、「恥を知れ!」とやじを飛ばした。共和党は伝統的に同性愛者を嫌っているため、ゲイ・コミュニティーでは評判がすこぶる悪い。それでも市長は笑みを絶やさず歩き続け、同性愛者を受け入れる態度を示していた。

九九年が二度目の参加となった「ニューヨーク・アジア太平洋系同盟」(通称アパニー)は、会員向けの電子メールで、着物、サロン、レイ、貝殻、扇子、うちわ、蛇の目傘など、アジア太平洋圏の文化を代表するものを身に着けて参加するよう呼びかけた。アパニーの出し物は、首にレイをかけ、ポリネシア風の衣装を着た男性が乗った山車だった。

　フィリピン人のエド・リモは、会員の相互理解・親睦を深め、アジア太平洋圏の文化遺産を大切にすることを目的に、九六年にアパニーを創設した。彼は九三年、別のゲイ団体「ニューヨークのアジア人」に入会し、副会長、そしてニュースレターの編集長も務めていた。しかし会はアジア系でない人にコントロールされ、プログラムも、話し合いではなくリーダーたちの独断で決められていた。エドはそういう非民主性を嫌って、新しいグループを作る準備を始めていった。

　アパニーの会員は百人あまり。メンバーシップやイベントをアジア人以外にも公開し、ニューヨークのアジア系団体としては異色の存在となっている。人種的にはアジア人と非アジア人が半々で、フィリピン人と中国人が多い。入会の申し込み用紙には性別を記載する欄がなく、年会費は二十ドル。会員には隔月発行のニュースレターが送付される。エドが編集し、イベントの写真を満載した二十四ページの情報誌である。

　アパニーが企画した文化イベントには、ポリネシアン・ナイト、中国の春節、ピクニックやスポーツ大会などがある。九九年七月には、マンハッタンのレズビアン・アンド・ゲイ・コミュニティー・センターで、フィリピン・フェスティバルがおこなわれた。およそ四十人の参加者は、バイキング式のフィリピン料理をつまみながら談笑し、食事が終わると音楽会が始まった。フィリピンの国歌が歌われ、ロングドレスを着たフィリピン人のトランスジェンダー（女装をした男性。ドラッグクイーンとも呼ばれる）三人が、タガログ語の歌謡曲のテープに合わせて、口パクをした。参加者も盛り上がって、かけ声と拍手を送っていた。

ところでその名も、『ドラッグ（クイーン）とは何』と題したワークショップを開いたのが、九〇年に誕生した「ニューヨークの同性愛アジア太平洋人男性」（通称ギャピムニー）だ。同じくレズビアン・アンド・ゲイ・コミュニティー・センターを会場に使って、九九年七月、二十数人のメンバーが、韓国系トランスジェンダーから「美しい」ドラッグ・クイーンになるポイントを教わった。

ノースリーブのミニのワンピースを身に着け、黒いミュールをはいた講師は、女性用の洋服、靴、イアリング、かつらなどについて説明していった。どの位の値段のものをどこで手に入れられるか、女と男のサイズはどう違うか、どうやって胸のふくらみをつくるか、ハイヒールをはいたときの歩き方、椅子の座り方、マニキュアのぬり方、ペニスを目立たなくする方法など、こと細かい手ほどきをした。そしてもう一人の、髪を銀髪に染めた講師は、若い男性をモデルに選んで、化粧品の選び方、眉のどこにどんなカーブを付けるか、アイシャドーのぬり方などのアドバイスをした。モデルが長髪のかつらを付けて、ドレス、ハイヒール姿で再び現れると、参加者からどっと歓声が沸き起こった。

アパニー、ギャピムニーのようなアジア人同性愛者の団体は、ロサンゼルス、シカゴ、ニューヨークなどの大都市に多く、目的、活動内容、会員にも特徴がある。たとえば、サンフランシスコの「アクアネット」は二十五歳以下が対象で、自分たちに降りかかる問題を考察できる安全空間を確保し、アイデンティティー探求、ＨＩＶ予防、一般社会の同性愛恐怖症に立ち向かうことに取り組んでいる。シアトルにあるレズビアン団体「アルバ」は、自分たちの存在をもっと公にし、恋人と気兼ねなく肩を組める環境を作ることを目指している。

こういった団体が生まれるのは、彼らに対してまだまだ冷たい社会が存在するからだ。エイジアン・ウイーク紙（一九九九年六月号）の特集では、「疎外感を感じているのに、アジア系は模範的なマイノリティーで、自殺などしないと思われている、反アジア人感情が高まって学校でのいじめも多い、アジア系は白人よりも同性愛者としてカミングアウトする年齢が高い、アジア人には手本とすべき同性愛者がいない」など、ティーンエイジャーが抱える悩みを浮き彫りにした。

ある中国系の女子大生は、九九年七月、ニューヨークのアイリッシュ・バーから恋人（中国系）と一緒に追い出された。二人が手を握り合っていると、「あなたたちは、そういう愛情表現をしてはいけない」と、まずウエイトレスに注意された。最後にはマネージャーが現れ、二人に店から出て行くよう言った。彼女が以前、恋人の姉も交えた三人でバーに通っていたときは、何も言われなかった。しかし二人っきりで行くようになり、レズビアン関係を知った店が追い出し作戦をはかったのだと思った。

「男女のカップルは、もっと性的にあらわな表現をしているのに……」

彼女は恋人と一緒に、人権擁護団体に相談を持ち込んだ。

それでも九〇年代になると、アジア人の同性愛者も自分たちの存在を強くアピールするようになる。アジア系アメリカ人研究の学会では、同性愛をテーマにした討論会が企画され、アジア系の雑誌も同性愛に関する記事を載せるようになった。二十六のエッセイ・座談会をまとめた著書『アジア系アメリカの同性愛者』が九八年に出版されたのも、この風潮を反映してのことだ。そこには、

「アジア系」そして「同性愛者」という、言わば二重のマイノリティーが見た人種問題や性が描かれている。

第二章の「熱はミス・サイゴン連盟にあり」では、九一年に「東海岸のアジア系レズビアン」という団体が、ブロードウエーのミュージカル『ミス・サイゴン』を、同性愛者の擁護団体「ラムダ」が、資金集めのイベントに使うことに抗議したいきさつが書かれている。ヨウコ・ヨシカワは、『ミス・サイゴン』は、ベトナム戦争をじゅうたん爆撃、ミレイ虐殺、枯れ葉剤から、センチメンタルな恋愛物語に書き替え、アジア人女性に対する性差別、人種差別をあおっているとする。そして同性愛者の世界でも、大きな力を持っているのは白人男性で、ラムダの幹部も白人であり、『ミス・サイゴン』がもたらすアジア人に対する歴史的な人種差別に無関心だと嘆く。

第十一章の「ロサンゼルスの同性愛アジア太平洋系男性」は、コミュニティー活動をしている六人の座談会を要約している。「こういう討論は五年前にはできなかっただろう」というコメントがあるほど、九〇年代にはアジア系の同性愛者団体がたくさん生まれた。話題に上った内容として、アジア系同性愛者にはリーダーがいない、アファーマティブ・アクション（差別撤廃措置）や移民の観点から運動をする同性愛者は少ない、アジア系として歴史や闘争を認識しないと、アジア系のメインストリームに移るのはむずかしい、アジア系の強みは多様性であっても、文化や言葉が違うため民族的な集団に固まりやすい、などがあった。

インド出身のサンディップ・ロイは、白人同性愛者に対する複雑な気持ちを、第十七章「カレー・クイーンとその他のスパイス」に書いている。恋人募集の新聞広告「ゲイのアジア人男性」に

▲…ハワイ出身の歌手・ショーン（1992年）

応えて電話をすると、電話の相手が思いつく地理はタイまで。インド人であることを明かすと、そそくさと電話を切られてしまう。彼にとって初めてのゲイ・コミュニティー体験は、アメリカ中西部のバーで、自分の肌の色を意識させられたことだった。中年の白人は、青い目のブロンドを引き付けるには年を取り過ぎているから、褐色でやせた二十代の自分に言い寄って来るのだろうか……。太った白人教師に誘われて彼の家に行くと、教師が彼を入浴させたいと言った。彼は勇気を振り絞って「ノー」と答えた。自分にも選択ができることを知ってうれしかったと、彼は己れの成長をつづっていた。

アジア系のゲイ・コミュニティーにとっても、エイズは陰をおおってきた問題だった。しかし、そういう逆境の中で、ＨＩＶ感染者が自らエイズの教育やアウトリーチに携わることもある。

九三年に亡くなったフィリピン系ショーン・デ

ユケーも、晩年はそういう人生を送った。ショーンはハワイ出身の歌手で、七〇年代の終わりに、ガンにかかって後でエイズと診断された友人を見捨てたことがある。当時ショーンは、なぜ人がエイズにかかるのかわからず、病気そのものを恐れていた。友人は一年もたたないうちに死んだ。そして、一番助けを必要としているとき友を見放したという後悔が、ずっとつきまとった。

それからは毎年のように、友人がエイズで死に、その数は三十人を越えた。バイセクシャルのショーンも、八〇年代の初め頃から、エイズの初期の症状である倦怠感・微熱などが出て、八八年にカリニ肺炎（呼吸困難・激しい咳・痰《たん》など）を起こした。足の裏にカポシ肉種（紫色の結節）が出て、時々歩くのが困難になり、入退院を繰り返した。

彼が、自らの体験を踏まえたエイズ予防活動を始めるようになったのは八九年。ハワイで、観光客にコンドームを配ったりするアウトリーチ活動をし、エイズについての会議やワークショップで発言した。九二年には、日本の有志に招かれ、東京で「エイズと共に生きる社会をめざして」という題の講演もおこなった。

ショーンは、皆が愛情と思いやりをもって感染者に接せられるような、偏見や差別のない社会が早く来ることを願っていた。

第7章　自分が自分らしくいられる場所を求めて

▲…しなやかな動きのビルマの踊り

1――同郷者が集うシニア・センター

「アメリカの老人学で一番問題になっているのは、ソーシャル・セキュリティ（年金）が将来皆に行き渡るかどうかということです」

カリフォルニア州サンディエゴのサマハン・シニア・センターで、アン・セディエゴはそう語った。サンディエゴ・ステート大学で老人学を専攻するアンは、センターで研修生として働いていた。

「皆、老人学っていうと、何を勉強するのって聞くんですよ。老人学という学問があることさえ知らない人もいます。私は祖母がいたのでこの分野に興味を持ちました。とくにマイノリティーの人たちの老後に興味を持っています。マイノリティーに関する研究をしている人は、本当に少ないんですよ」

サンディエゴ市の中心街から、南に車で七、八分行ったマーケット・ストリートに、「フィリピン系アメリカ人退役軍人連盟」のオフィスがある。すぐ前には市バスの停留所があり、ストリート

▲…カリフォルニア州南部の軍港都市・サンディエゴ

の真向かいに日系の寺がぽつんと建つ。この少し荒涼感漂う区域の、退役軍人連盟の建物を借りて、サマハン・センターは活動している。

かつてアメリカは植民地フィリピンに海軍と空軍の基地をつくり、給仕や食堂係として現地の人を雇った。それでも彼らが手にする給料はフィリピンの中でもトップクラスに入った。フィリピンが一九四七年に独立した後も、米軍基地は残り、朝鮮戦争やベトナム戦争のとき活用された。七〇年代になるとフィリピン人も職業軍人になれるようになり、八〇年代末には、米軍がフィリピン政府に次ぐ大雇用主になったこともある。フィリピン人の中には、米軍で仕事を見つけ、アメリカの市民権を取る足がかりにする人も多かった。だが九一年、二つの米軍基地は閉鎖される。フィリピン人の米軍兵士もさまざまな基地に散らばり、全米屈指の軍港を持つサンディエゴには、大きなフィリピン人コミュニティーがある。

一九九九年十二月の朝、平屋建ての退役軍人連盟の中は、軽快な音楽であふれていた。舞台の上でギター、ドラム、電子ピアノを演奏する五人のミュージシャンは、皆シニア。フィリピン、スペイン、アメリカの音楽を響かせている。数十人の男女がホール中央に集まって、少し太めになった体をリズムよく動かしている。女性の数が男性を上回っている。

「私たちはライブ・バンドに、少しお金を払っています。私がここに勤め出してから、バンドのメンバーが何人か亡くなったんですよ」と、プロジェクト・アシスタントのコラ・バラートが残念そうに語った。彼女自身もシニアと呼ばれる年齢に達している。

「私たちには時間がありません。私たちは人生を楽しみたいんです。だから踊るんです。ここに来る最高齢者は、九十四歳の男性。自分で運転して来ますよ。六十歳以上だったら、だれでも歓迎です。この地域にはフィリピン系とメキシコ系が多く住んでいるので、やはり来るのもフィリピン人、メキシコ人が多いですけどね」

センターは、平日の午前十時から午後一時まで、いろいろなシニア向けプログラムを用意している。趣味のクラフト、映画、ビンゴ・ゲーム、ストレッチ体操、エアロビックス、ビリヤード……。金曜日はライブ演奏がつくダンスの日となっている。そして母の日、父の日、独立記念日、クリスマスなどには、特別イベントも企画する。九九年の大晦日の金曜日には「ミレニアム・ダンス」が予定され、チケットを買ってほしいと、スタッフは訪れた人に声をかけていた。

正午になるとランチの時間だ。六十歳以上は一ドル七十五セント、五十九歳以下は三ドル七十五セントと、料金は安価に抑えられている。専任の栄養士が毎月献立を立て、スタッフが退役軍人連

DECEMBER 1999 MERRY CHRISTMAS

SUNDAY	MONDAY	TUESDAY	WEDNESDAY	THURSDAY	FRIDAY	SATURDAY
			1 -HEALTH SCREENING -STRETCH OUT! W/AURORA -BINGO	2 -STRETCH OUT! W/AURORA -BINGO	3 -SOCIAL DAY- =RAFFLE=	4
5	-PASCCO BOARD 6 MEETING -DISASTER PREPAREDNESS: TALK -STRETCH OUT! W/AURORA -TABLE GAMES	7 -BLOOD PRESSURE READING -MONTECARLO DAY -FOOD SHOPPING-	8 -TABLE GAMES -STRETCH OUT! W/AURORA -BINGO	9 -STRETCH OUT! W/AURORA -BINGO	10 -BIRTH DAY -PARTY- -LIGHTING OF CHRISTMAS TREE-	11
12	13 -ARTS & CRAFTS- -STRETCH OUT W/AURORA -TABLE GAMES	PASCCO MEMBER- 14 SHIP MEETING -SINGING OF CHRISTMAS CAROLS -FOOD SHOPPING -STRETCH OUT!	15 -TABLE GAMES -STRETCH OUT! W/AURORA -BINGO	16 -SINGING OF CHRISTMAS CAROLS -STRETCH OUT! W/AURORA -BINGO	17 -CHRISTMAS PARTY-	18
19	20 -ARTS & CRAFTS -STRETCH OUT! W/AURORA -TABLE GAMES	21 -SINGING OF CHRISTMAS CAROLS -STRETCH OUT! W/AURORA -FOOD SHOPPING	22 First Day of Winter -TABLE GAMES -STRETCH OUT! W/AURORA -BINGO	23 -SINGING OF CHRISTMAS CAROLS -STRETCH OUT! W/AURORA -BINGO	24 Christmas Eve -CLOSED-	25 Christmas Day
26	27 -CLOSED- CHRISTMAS HOLIDAY	28 -BLOOD PRESSURE READING- -STRETCH OUT! W/AURORA -FOOD SHOPPING	29 -TABLE GAMES -STRETCH OUT! W/AURORA -BINGO	30 -STRETCH OUT! W/AURORA -BINGO	31 New Year's Eve -MILLENNIUM DANCE-	

▲…サマハン・シニア・センターの予定カレンダー（1999年12月）

盟の台所で調理する。

十二月十日金曜日のメニューは、ローストビーフ、カプリ・ミックス、グリーン・サラダ、マッシュポテトで、デザートにバナナがついた。ランチ代を払った人は番号札を持って台所の前に並び、プラスチックの弁当箱に料理を入れてもらう。そしてテーブルに着席して食事が始まる。十二月の誕生会も兼ねた当日には、大きなバースデー・ケーキも用意され、後で小さく切られて一人一人に配られた。

「ここのセンターの献立は結構いいんです。いろんなエスニック料理をメニューに加えています。本当は土、日にも出したいんですが、そこまでの予算がありません」

アンはそう言いながら、一人で食べていたかっぷくのいいメキシコ人男性に話しかけ、同じテーブルでランチを食べ始めた。

メキシコでは通りの向こうに住む人まで知り合いだったのに、サンディエゴでは近所の人にあいさつもしないと、男性は寂し気に語った。

ヨーロッパ系の顔もちらほら見えた。彼らはレクリエーションというより、昼食を食べに来るのが目的だとコラは言った。

平日は孫の子守りなどで忙しく、外出できるのは週末だけというシニアもいる。サマハン・センターは、そういう人にはランチの出前をする。また車を運転できなかったり、路線バスの通らない地区に住んでいる人の所へは、センターの専用バスが迎えに行く。その他、病院への付き添い、体の不自由な人の介護サービス、英語の通訳など、センターの活動は、高齢者のそれぞれの境遇に合わせたものになっている。

サマハンの二つの支部ではレクリエーションをやらず、ランチ・サービスを主な活動にしている。この三施設をおよそ三百人のシニアが利用する。タガログ語で「共に協力して働く」という意味のサマハンは七六年に創設。行政の財政援助を受けて、所長、副所長、プロジェクト・アシスタント、栄養部長、コックなど、フィリピン系職員が十数名常駐している。

「やっぱり皆、アメリカに来ても話し相手が欲しいんです。ここは皆にとっては第二の家庭です。でも本当は、もっといろんな人種・民族の人に来てほしいんですけどね……」

アンはそう言った。彼女自身は、米軍に勤める父親が家族を呼び寄せる形で、中学のときフィリピンからアメリカに来た。学校はサンディエゴ市の郊外にあり、クラスメートにはフィリピンを知らない人もいて、「あなたは中国人なの?」と聞かれたこともあったという。

サマハン・センターを利用しているシニアの多くは、アメリカに移住した子供を頼ってサンディエゴにやって来た。そういう高齢者は、やはり同郷者同士で固まりたがる。新しい環境で「アメリカ人」の友をつくるというより、気心の知れた人との対話を好む。何よりもタガログ語で意思の疎通ができるし、新しい国での生活の悩み、義理の子供との衝突などは、文化を共有しているほうが理解してもらいやすい。また、一人でシニア専用アパートに暮らすフィリピン人などには、サマハンは大切な社交場でもある。

サンディエゴは十二月でもそれほど寒くない。昼間には半袖で歩く人も見かけるほどだ。十日は珍しく雨が降った。食事がすむと人々は家路へと急ぐ。彼らを乗せる専用バスが中庭に待機している。退役軍人連盟の中は急にガラーンとなる。

2――国際養子が豊かな暮らしで失ったもの

中国人デイビッド・ワンは、一九八六年、ニューヨーク州の刑務所内で起きた殺人事件の容疑者にされ、「二十五年以上終身」の禁固刑を受けた。彼の無実を信じたアジア系の有志は支援団体を作り、九三年にマンハッタンのチャイナタウンで、資金集めのイベント「正義を求めるパフォーマンス」を開いた。アジア系のコメディアン、ミュージシャン、俳優などがボランティア出演をし、ミ・オク・ソン・ブルイニングも、「韓国のオモニ（生母）へ」という自作の詩を朗読した。一度も会ったことのない母親にあてて、「私はあなたの娘です」という気持ちを、情感あふれる言葉でつづっていた。

ミ・オクが詩を書くようになったのは、八四年にボストンに移ったときだった。彼女はアジア人の政治・社会運動家と親しくなり、有色人種の女性の作品をたくさん読んだ。中でもノラ・ウが、自分の日常生活と母への愛情を語った手紙には刺激を受けた。アメリカ人の養女として育ったミ・

オクは、当時、極度の自己喪失に陥っていて、ものを書くことは一種のセラピーになった。

彼女は一歳にもならない頃から韓国の孤児院で暮らし、六六年、五歳のときアメリカへ来た。ニュージャージー州に住んでいた養父母は熱心なクリスチャンで、「助けの必要な人には手を差し伸べるべき」という強い信条を持っていた。だから、ミ・オクのために四年間送金を続け、彼女が四歳になると、孤児院に長くいすぎると心配して、引き取る決心をした。

韓国からニューヨークまでの旅を、ミ・オクはかすかに覚えている。飛行機はいろんな所に止まり、実際長い旅だった。彼女は飛行機に酔い、ニューヨークに着いたときは最悪の状態だった。他にも何人か養子になる韓国人の子供が一緒だった。しかし、だれも事のいきさつを説明してくれず、自分の身に何が起きているのかもわからず、彼女の頭は混乱していた。

ミ・オクは英語にはすぐ慣れた。養母は声が大きく、彼女の声も自然と大きくなった。また人の注意を引くには、押しが強くないといけないことも学んだ。養父は大企業の重役で、裕福な家庭環境の中、彼女はいい教育を受けることができた。

「実のお母さんは、あなたをとても愛していたから手放したのよ」と、ミ・オクは養父母に言われていた。実際、養父母は彼女をとてもかわいがってくれたので、実母と同じように、自分を手放してしまうのではと不安になったほどだ。ミ・オクには十歳上の兄、八つ上と一つ上の姉（三人とも養父母の実子）がいて、すぐ上の姉とは一番仲が良かった。引退後、両親はロードアイランド州へ移り、ミ・オクはそこの高校に通って、バーモント州の大学を卒業した。

十代のとき彼女は、自分を「完全なアメリカ人」だと思い込んでいた。白人の養父母は、彼女を韓国人と認識させるような努力は何もしなかった。彼女は韓国人であることを捨て、アメリカ人、白人になりたかった。アメリカ人のようにしゃべるのは簡単だったし、実際、白人のように振る舞っていた。それでも時々、自分を韓国人と見る方が気が楽なことがあった。

ミ・オクが社会問題を理解できるようになった年頃に、彼女は家族がエスニック文化に偏見を持っていることに気付いた。家族は、中国人、日本人、ユダヤ人、黒人、ラテンアメリカ人などの悪口を言った。それでも韓国人の悪口だけは言わなかった。ミ・オクには、有色人種のために働いている友人がいたので、養父母の差別発言は友人に対する侮辱のように聞こえた。

二十三歳のとき、ミ・オクはもう白人ではいたくないと思った。きれいな英語をしゃべれても、自分を外国人のように感じ、養父母の所に帰っても孤独だった。家族から愛されても、親戚がたくさんいても、皆白人。彼らの血はつながっているのに、彼女にはルーツがなく、どういう系統の病気を遺伝しているかもわからなかった。長い間、韓国人であることを押さえ付けていたので、彼女の中の何かが死んでいくように感じた。自己嫌悪に陥って、自分をうまくコントロールできなくなった。

韓国人であることはどういうことなのだろう……。「本当の自分」でいるためには、それを学ばないといけないと、強く思うようになった。そして、他のアジア人のこともっと知ろうと、アジア人の友達をつくった。頼れるのは自分だけ、一つ一つ学んでいくしかなかった。韓国人養子を対象にした二週間の韓国旅行に参加し、祖国の文化も学んでみた。すると、韓国人であることが楽になればなるほど、白人でいること、養父母の家族と一緒にいることがつらくなった。ミ・オクは、

▲…愛車ルルの前に立つミ・オク（1992年）

それを一種のトレードオフだと思った。養父母は、彼女がアジア人であることをどう感じているか、韓国人だと再確認することや韓国に帰ってみることがなぜ大切なのかを、まったく理解できず、韓国文化にも無知だった。

白人が有色人種を養子にするのは、文化的な帝国主義だとミ・オクは思う。見捨てられた子供には家族が必要で、母国では得られない幸せをアメリカでは享受できるとアメリカ人は語り、韓国を搾取しているとは言わない。ミ・オクが手にしたは、物質的な恩恵の代償は大きかった。一番悲しいのは、実母や祖国とのつながりを絶ち、文化的なアイデンティティーを失うことだった。ミ・オクは、自分自身を受け入れてくれる場所を探すのに苦労した。自分を韓国人と受け入れることにも、韓国人であることはどういうことかを再発見するのにも、長い時間がかかった。

ニューヨーク・タイムズ・マガジンが、九三年四月に企画した特集「中国の女子孤児市場」を読んで、「子供を『見捨てている』のは生みの親ではなく、子供の国の政策・社会の狭量さ、そして文化的価値」という投書をミ・オクは送った。その記事は、中国に養子を受け取りに行ったカップルの体験談で、彼女が思うような「文化的帝国主義」には一言も触れていなかった。

九六年十月、ミ・オクは再び韓国を訪れた。ソウルまでの無料航空券をくれた、韓国人養子の友人がいたからだ。彼女はソウルで会った新聞記者に、自分のことを書いてほしいと売り込んだ。二か月後、新聞社が顔写真入りの記事を載せたところ、翌日、何と「生母」から電話がかかってきたのである。

ミ・オクは長い間、生母に会える可能性はないと思っていた。一九六〇年代半ばの記録入手は不可能に近く、きちんとしたファイルも残っていないだろう、また金銭的な余裕もなく、ハングルを話せないことも、母親探しには障害だと思っていたからだ。

生母はミ・オクを出産してまもなく、暴力を振るう夫から逃れるため、息子と娘を置いて家を出た。実父はミ・オクを姉（ミ・オクにとってはおば）に預け、姉は家族が引き取りに来るまで、友人にミ・オクを預かってくれるよう頼んだ。しかし生母が引き取りに行ったときには、友人一家の姿はなく、どこに行ったかまったく手がかりがつかめない状態だった。生母は娘がアメリカ人の養女になったことも知らず、ただどこかに生きている事だけを信じて、三十六年間探し続けていた。

生母は再婚したが、その結婚も幸せではなかった。それでも一人娘のミ・オクには、韓国に残って一緒に暮らし、結婚して子供を産んでほしいと懇願した。生母は養父母のこと、娘が国際養子縁組について書こうとしている本のことを知りたがろうとしなかった。ミ・オクは、自分自身は「とてもアメリカ人」だし、生活の基本はアメリカにあるので、残りの人生を韓国で過ごしたいとは思わなかった。

それでも彼女が、九七年三月から約二年間、韓国の大学で英語講師をしたのは、実母との絆を深めたいと思ったからだ。ミ・オクは、韓国で英語を教えたいと新聞記事の中で語り、それを読んだテレビ局が彼女にインタビューし、番組を見た弘益《ホンイク》大学の学長が仕事を提供したのである。

教えることは楽しかった。自分に対する学生の反応は、おおむね好意的だった。実際多くの学生がアメリカを美化して、アメリカに住みたがっていた。しかし現実のアメリカはそんなに甘くないし、生活するのもなまやさしくない。それでもアメリカはチャンスに恵まれ、特に女性は韓国よりずっと自由でいられる。たとえ結婚しなくても、「彼女はどこかおかしい」と言われることもない。そしてミ・オクは、生母のようなつらい人生を送らず、養女として恵まれた生活ができたことを、初めて幸せだと感じた。

それでも国際養子は正しくないし、多くの子供が誤った理由で養子にされていると彼女は思う。子供たちは養子縁組のために「売買され」、母親が実子をそばに置ける政策もない……。

韓国から帰った後、ミ・オクは再びボストンのそばに移り住んだ。友達がたくさんいるし、養父母の所にも車で一時間半で行ける。しかしソーシャル・ワーカーの仕事はやめたいと思っている。政府の福祉政策が変わり、予算が大幅に削られ、仕事の幅も狭くなり、薄給でやりがいを感じられなくなったからだ。それよりも、自分の体験を踏まえた本を書き上げることに専念したいと思っている。他の国際養子の助けになると思うからだ。

○

韓国が十四万人以上の養子をアメリカに送ってきた歴史は、朝鮮戦争以降に始まった。百万の市民の命を奪い、二百五十万をホームレスにしたこの戦争は、多くの孤児を生み出し、アメリカ兵と韓国人女性との間に生まれた子供たちも、引き取り手がない状態だった。そのためアメリカ政府は、五三年に韓国人孤児五百人に特別ビザを発給し、軍関係者や政府職員が幼児を引き取れるようにした。また同年アイゼンハワー大統領は、「十歳以下の孤児四千人」を含む、二十一万四千人の難民を受け入れる「難民救済法」にサインした。これに対応するため、翌年韓国政府は、「児童紹介サービス」を設立する。

五五年に韓国へ出向いて、八人の子供たちを養子にしたオレゴン州のハリー・ホールトは、国境を越えた養子縁組の斡旋会社としては世界最大の「ホールト・インターナショナル・チルドレンズ・サービス・インク」を創設する。以来この会社は、数多くの韓国人孤児をアメリカ人に養子として斡旋してきた。

韓国政府は六一年、孤児の里親を韓国内で探す政策を打ち出すが、父系の血統を重んじ、非嫡子を忌み嫌う社会からは歓迎されなかった。そのうえ一般家庭にはまだ、養子を育てられるほどの経済的余裕がなく、貧しい親は、子供は施設で暮らすほうがきちんとした食事を取れると信じ、子供を捨てる人も多かった。

七〇年代になると、アメリカの「養子市場」ではヨーロッパ系アメリカ人の子供の数が減った。外国人の子供はその代用として重宝され、国境を越えた養子縁組は制度化されていく。とりわけ韓国からは、八六年に六千二百人とピークに達するまで、毎年数千人単位で子供たちがやって来た。この「孤児輸出」を近隣諸国は批判し、特に北朝鮮は、「子供たちを外国人に売る」のは資本主義の退廃と韓国を非難した。

八八年のソウル・オリンピックを前に、韓国政府は孤児政策を否定的に報道されることを恐れ、養子斡旋会社に業務活動を控えるよう要請した。そして自国の政策を見直し、中絶を認め、避妊をすすめ、国内の養子縁組を増やすようにしていった。その結果ここ数年、アメリカに来る子供の数は二千人前後に止まっている。

養子を求めるアメリカ人のために、全米には数百の斡旋会社がある。外国人の養子は、現在はロシア人と中国人が多い。このうち、中国人孤児に発給されたビザは、二〇〇〇年は約五千、九九年は四千あまりだった。男児を重んじる文化と一子政策のあおりを受けて、中国では多くの女児が孤児院で暮らしている。ホールト・インターナショナル・チルドレンズ・サービス・インクのホームページには、中国から養子を得る場合、期間は十二〜十六か月、費用は一万四千三百五十〜一万九千三百二十ドルかかると記されている。中国人孤児の養父母には独身でもカップルでもなれ、三十歳以上（男性の独身者は四十一歳以上）五十七歳未満とされている。

中国、韓国以外のアジアでは、ベトナム、インド、カザフスタンなどから、毎年数百人が養子に来ている。

3――人目を引く仏僧であればこそ

アメリカでチベット仏教の知名度が高いのは、ダライ・ラマの影響が大きい。このノーベル平和賞受賞者が講演をすれば、会場には多数の人が集まり、彼について書かれた本はベストセラーになる。非武装の仏教国チベットが、中国軍に侵略・占領されている状況に同情している人は多く、特に熱烈な支持者であるハリウッドの映画スターたちは、彼がアメリカで講演旅行をするときのスポンサーになっている。ダライ・ラマを扱った映画『クンドゥン』(一九九七年)や、『セブン・イヤーズ・チベット』(一九九七年)もハリウッドで制作された。

今アメリカでは仏教が静かなブームを呼んでいる。キリスト教やイスラム教のように、全能の神を崇拝するのではなく、自分の自由意思を尊重し、和を重んじる精神が、その魅力になっているようだ。

アジアからの移民の流入と共に、各地に寺もオープンしている。九九年七月の日曜の朝、ニューヨーク市のスタテンアイランドで、スリランカの寺の開所式があった。十時からのセレモニーには、正装姿のスリランカ人が大勢詰めかけ、中に入れない人は外に立って待っていた。ジョーン・ストリートの袋小路にある民家を使っているため、外から見る限り「寺」には見えない。

家の中では、柿色の僧服をまとった十一人の僧侶が、壁を背にしてあぐらを組み、お経をあげていた。スリランカから取り寄せた白い仏像が、上座に置かれ、靴を脱いで上がった信者たちが、静かに耳を傾けていた。セレモニーをビデオで撮影している男性もいた。

広い裏庭にはテントが立てられ、信者たちが持ち寄った手料理がテーブルに並べられていた。セレモニーが終わると、信者たちはまず僧侶一人一人の前に、うやうやしく食事を運んだ。それから信者たちが料理を皿に取って、木陰の下に椅子を移し、友人や家族と一緒に食べ始めた。スリランカ式に、指で料理を口に運んでいる人もいた。赤ん坊、小・中学生、高校生を連れた家族や、ウエストチェスター郡やニュージャージー州から、二、三時間かけて来たという女性たちもいた。公共の交通手段で寺に来るには、マンハッタンから二十五分間フェリーに乗り、フェリー・ターミナルから更にバスで、二十分ほど揺られないといけない。

この寺は、もともとはクイーンズが本拠だったため、そこに住む学生のクマリ・ペイリスには不便になった。

「スタテンアイランドには、四百世帯くらいのスリランカ人が住んでいると聞きました。クイーンズに行くのは大変だから、ここに寺をつくってほしいと皆から言われていたのです」と、クマリは寺ができたいきさつを語った。仏教徒の多いスリランカでは、早朝や夕方、寺に行って僧侶と話

▲…信者たちの手で完成した寺（クイーンズ・ベイサイド）

▲…スタテンアイランドの寺の入口には護衛の石像が立っている

をするのは信者の日課で、同じようなことがアメリカでもできることを信者は望んだという。

「ここは他の区よりもテンポがゆっくりしている。スリランカは島なので、島であるスタテンアイランドにスリランカ人は住みたがります。アメリカ人は本当にテンポが速い。歩くのもとても速い。大学の勉強もテンポが速いので、私は付いていくのが大変です」

その日はからりとした天気で、真っ青に晴れ渡った空を見て、「きょうの天気は本当にスリランカのよう」と彼女はつぶやいた。食事がすんで一息つくと、信者たちは一人一人僧侶の足元にひざまずき、合掌敬礼をして帰って行った。

この寺に、クマリが尊敬するコンダンニャ僧がいる。瘦身の彼は、彫りの深い顔立ちで、日本語をじょうずに話す。十三歳のときから僧服をまとい、借金をしてスリランカの大学の仏教学部で勉強した。そのときに日本語を学び、日本人教授の勧めで七九年に日本語の検定試験を受けてみた。

「とてもむずかしかったですよ。しばらくして教授に電話をすると、『あなたが最高点を取った』と言われたんです。それから日本の財団がスポンサーとなって、世界から五十数名が日本に集まったとき、私も日本に数か月滞在しました」

コンダンニャが所属する宗派のニューヨーク支部は、八一年、クイーンズのフラッシングのアパートで始まった。七〇年代末に、彼の恩師がアメリカに留学に来て、寺をつくってもいいなあと考えたのがきっかけだったという。運よく寄付者も見付かった。その後寺は、クイーンズのキューガーデン地区の民家に移り、さらに大きな三階建ての寺を、五キロ離れたベイサイドに建てた。設計、資材調達、組み立てなど、すべての作業が信者と僧侶の手で進められ、二〇〇〇年に完成した。

「私たちはお金がないので時間がかかります。完成までに、あと二、三年かかるかもしれません」

崖の中腹に建設中の寺の中で、ケネディ空港に着陸する飛行機を遠くに見ながら、コンダンニャはそう笑ったことがある。

「スリランカ人のコミュニティーは本当に小さいです。私が関わっているのは三百世帯くらい。寺には何も規則がありません。来たいときに来ればいいんです。寺はいつでも開いています。電話で私がいるかどうかを確かめてから来る人もいます。皆、仕事を持って忙しいので、私の方から行くこともあります。

昔の移民は留学で来て、エンジニアとか専門職の人が多かったです。今はどういうビザで来ているのかよくわかりませんが、いろんな職業の人がいます。ニューヨーク、ニュージャージー、コネチカットの三州に散らばってます。

私はニュージャージーで、子供たちのために日曜学校のようなものを開いています。教えるというのではなく、小中学生に自分自身で考えてもらう内容です。テーマを与え、議論をさせます。大学生にも何かグループを作るよう言ってますが、皆いろんな所に散らばって住んでいるのでなかなかです」

コンダンニャがニューヨークの街を歩くと、「チベットから来たのか」、「ヒンズー教徒か」と聞いてくる人がいる。また彼を見て合掌する人もいる。彼がヨーク大学でソーシャル・ワークのクラスを受講していたときは、経済的に大変なときだった。だから一ドル二十五セントのバス代を節約するために、夜でも三十分の道のりを歩いて帰った。途中、黒人の多いジャマイカ地区で、黒人の

▲…スタテンアイランドの寺を監督するコンダンニャ僧

若者たちに「カンフーを教えてくれ」とせがまれたこともあった。彼は、「ここでは教えられません。やる前にまず瞑想《めいそう》をしないといけません」と「うそ」を言って、その場をしのいだこともある。

「以前はこの服の上に何かを羽織ってましたが、それを着たからって、自分は自分ですし……」

柿色の僧服はいやおうなしに人目につく。だからコンダンニャは、前はコートを着て外出していた。しかし今は、あるがままの自分をさらけ出すことで、人が自分に話しかけて来るよう仕向けたいと思っている。何を着ていようが、自分の中身は変わらないからだ。

「本当の勉強とは学校を卒業してから始まるものです。もしお金があれば、アメリカ人のために瞑想場所のようなものも作りたいです。やりたいことは一杯あります。日本で教えるのもおもしろいかもしれませんね。他の僧侶とも交流を深め、いろんなことについて話したいです。ソーシャル・ワーカーとしても働いてみたい。特に障害のある子供たちのカウンセリングをしたいです。異色かもしれませんが……」

コンダンニャは車を運転して、初めてニューヨークを訪れるスリランカ人を空港まで迎えに行くこともある。来訪者は寺で食事をとり、それからホテルなどに移動して、それぞれの旅程をこなしていく。信者たちにとって、寺はそういうふうに気軽に立ち寄れる場所でもある。またボストンに住むタイ人の尼僧が、僧の資格を取得したがっていると聞けば、その相談のために、四時間半車を運転して尼僧に会いに行く。スリランカと同様、タイには尼僧がいない。その資格を得るには、中国の寺へ行かなければならないという。そして、仏教に興味のあるアメリカ人が寺に来れば、その相手もする。コンダンニャのスケジュールは、いつもフル回転している。

4——祖国との絆を保って

一九九九年十月の土曜の夜、ニューヨーク市の台北劇場にビルマ系の人が集まって来た。シンンジャン連盟主催の「サンディンギュット」（光の祭り）を祝うためである。

オレンジ色の手作りのプログラムには、「最初の『ルネッサンス』王国であるバガンから、現在の独裁政権まで踊られてきた民謡、伝統、古典のダンスの集大成」という説明があった。インドやタイ、そして仏教、アニミズムなどの影響を受けたダンスを、なめらかな動きのプロのダンサーと、腕時計やピアスをつけたままでも平気なアマチュアが、あまり音響のよくないテープ音楽に合わせて踊った。後者はアメリカで生まれ育ち、祖国とのつながりを残しておこうとする若い世代である。

踊りが終わると、ダンサーは必ず胸の前に手をあわせて合掌する。観客への感謝の記しである。けんらん豪華な衣装は、ダンサーが政治亡命をしたときに持ってきたものもあれば、ビルマから取り寄せたり、自分たちで作ったものもある。

客席のほぼ中央で見ていた中年の女性は、ダンサーには知人はいなくても、ビルマで見たことのある踊りばかりで、こういうイベントを企画してくれて、うれしいしなつかしいと語っていた。劇場の中はカメラのフラッシュが終始飛び交い、若い世代が同年輩のダンサーに声援と冷やかしを送るという、家庭的な雰囲気に包まれていた。

光の祭りは九二年に始まった。第一回は、マンハッタンのインターナショナル・センターの小さなステージで、踊りを二つ披露し、スライドショー、レクチャーをやり、ビルマ料理を出しただけの小規模なものだった。九九年で八回目となったが、毎回ダンスを上演できたわけではない。プロのダンサーもフルタイムの仕事を持っており、皆を集めてリハーサル時間をつくるのはむずかしい。それでも九九年は、自分たちが前進している証しを体験しようと、マンハッタンの中心地ロックフェラーセンターにある台北劇場（席数二百三十四）での公演に予算をあてた。

九二年に設立されたシンジャン連盟の目的は、さまざまなイベントを通して、ビルマの民謡伝統と古典文化を維持促進させることにある。ビルマに住む、百三十五の部族すべてに開放したいという思いも込めて、ビルマやミャンマーのような政治色のある名前ではなく、「新しく始める」という意味のシンジャンを連盟の名前に採用した。

シンジャンが手がける一番大きな行事は、水祭りである。ビルマ以外でおこなわれる水祭りとしては最大規模だと、会長のジョー・サ・フラは言う。パゴダと並んで、彼が祖国を思うとき、一番なつかしく感じる文化遺産だ。ビルマではビルマの新年に当たる四月の行事だが、同じ頃ニューヨークでやるには寒すぎる。そのため、七月の第二日曜日に行事を移動させた。

▲…両手にろうそくを持ち、仏陀に敬意を表すダンスを踊る（1999年）

祭りの規模は年を追うごとに大きくなり、多くの若者が参加するようになったことは、ジョーにとってもうれしい。カナダやマサチューセッツ州、バージニア州などから来る人もいると彼は言う。小学校の校庭のように広いＹＭＣＡの庭を会場に使い、ライブバンド、ファッション・ショー、ダンスなどのプログラムが進行する中、子供たちは水をかけ合って戯れる。

シンジャン連盟はおよそ二千世帯の郵送リストを持っているが、東海岸地域には三千世帯のビルマ人家族が住んでいるとジョーは言った。

「昔の移民は、フルブライト奨学生の学者や政府役人、中国系ビルマ人が主でしたが、今はくじでグリーン・カードが当たったり、キリスト教団体が招いた人などいろいろです。ニューヨーク市の病院には、必ず一人ビルマ人の医師がいると言われています。それから、鉱石の見方を知っている人が多いので、宝石店に勤めている人もいます。

寿司職人も多いです。ビルマ人は一生懸命働くからです。

ぼくは六七年に初めてアメリカに来て、ビルマには七八年以降帰っていません。父は外交官で、八〇年にアメリカ移住を決めました。ビルマにはカレン、ラキーン、ビルマ、シャンという四つの主要民族がいます。父は（マジョリティーではない）ラキーン族だったので、なかなか出世できませんでした。ぼくも差別されて、英語を他の人より知っていたのに、ビルマでは悪い点をもらってました。弟はアメリカのテレビや、アメリカ文化が好きで、家族はここにいることを決めたのです」

ポニーテールを結んだジョーは、劇の台本を書き、絵をかいたりしているが、以前ビルマ料理レストランを経営したこともあった。しかしマンハッタンの家賃の上昇に太刀打ちできず、閉めてしまったという。ニューヨークには、チャイナタウンなどに数軒のビルマ系レストランがあるだけだ。

ニューヨークには国連のビルマ代表部があり、当然ビルマ人外交官が働いている。かつて事務総長にウ・タントがいた。しかし光の祭りなどを企画しても、ジョーたちはわざわざ彼らにチケットを送ることはしない。

「もちろん切符を買って来てくれれば、あいさつはしますが……。ぼくはビルマの軍事政権を信用していません。彼らは前よりは体裁を気にして、外国にいるビルマ人にも入国ビザを出すようになりました。父は、兄弟が病気で亡くなる前に一目会いたいと思って、ビザを取ろうとしましたが、ビルマ政府は出してくれませんでした。彼らはだれを入れるか、だれに圧力をかけるか、選んでるんです」

「タガログ・オン・サイト」(TOS)は、若いフィリピン系アメリカ人を対象にした体験学習プログラムである。申し込み者はフィリピンに六~八週間滞在して、タガログ語やフィリピンの歴史・文化を学び、社会学、心理学、政治、芸術のワークショップに参加する。また棚田を登り、庶民の足となっている車・ジープニーに乗り、部族のシャーマンの話を聞き、露天掘り鉱山がもたらす環境破壊を見たりという、実生活体験にも力を入れている。参加者の中には、フィリピン人の貧しさを見て思わず泣き出し、自分たちが帝国主義や海外移住などの「最終産物」であることに気付いて、落ち込んでしまう人もいると、TOSの創設者スーザン・キンポは語った。

一九九〇年代の初め、ニューヨークで働いていたスーザンは、フィリピン系の学生の集会によく顔を出した。そのときに多くの人が、「フィリピン人、フィリピン系アメリカ人であることはどういうことなのか」に興味を持っている事を知った。タガログ語を話せるスーザンをうらやましがる人さえいた。

二〇〇〇年の国勢調査では、フィリピン人はアジア系アメリカ人の最大の民族グループになると言われてきた(九〇年は百五十万近く)。フィリピン人には、英語を話し、西洋文化にも慣れ親しんでいる人が多い。だから、メインストリーム社会に同化していると思われ、マイノリティーとして特に目立った存在ではない。彼らが大きなアイデンティティー・クライシスに陥っていることを知ったスーザンは、彼らに「フィリピン」を教えたいと思うようになった。そしてフィリピンに帰国した後、アテネオ・デ・マニラ大学と提携し、TOSのカリキュラムを完成させ、九六年に最初の学生九名を受け入れた。

アメリア・トレドが、このパイロット・プログラムに参加したのは、タガログ語とフィリピン文化を学ぶよき出発点にしたいと思ったからだった。フィリピンの現状を自分の目で確かめれば、祖先のことがわかり、将来生まれて来るであろう子供にとってもプラスになると感じた。

アメリカに移住した医者を父に持つアメリアは、コネチカット州で生まれ、回りにあまりフィリピン人のいない環境で育った。それでも十五人きょうだいの母親は、休みになるとよく家族パーティーを開いた。そういう場を通して、また料理のにおいなどで、アメリアは少しずつ自分の民族意識をつちかっていった。

大学生になると、彼女の目は社会問題に向いた。英語をうまくしゃべれなかったり、性的指向の違う人は、アメリカでは虐げられていると強く思うようになった。先進国が発展途上国を搾取している状況も似たようなもので、その責任は自分にもあると感じた。

しかし、実際フィリピンに行ってフィリピン人に会うと、アメリカ人を尊敬している人が多かった。「アメリカに住めていいねえ。こんな所へ来てあんたは狂ってるよ」と言われた。人々は本当に貧しい生活を強いられていたからだ。

中でもアメリアが心を傷めたのは、アメリカ軍が残した爪跡だった。スビック海軍基地やクラーク空軍基地の跡地には、毒性のごみが放置され、近くの住民の健康を侵していた。アメリアは、アメリカ政府にきちんとその後始末をさせる運動に加わりたいと思った。その一つが、九九年にニュ

▲…タガログ・オン・サイトを創設したスーザン（右）

ーヨーク大学の一室でおこなった「フィリピンにおける米軍の毒性遺産」というプレゼンテーションだった。彼女と同じようにTOSに参加した女性と二人で、スライドを交えながらフィリピンの現状を説明し、一人一人ができることは何かを話した。ちょうどTOSのプロモーションツアーに来ていたスーザン、そしてアメリアの両親、フィリピンから到着したばかりの牧師など十五名あまりが、熱心に聞き入っていた。

「フィリピンから帰って来ると、私は活動的になりました。何かをしなければという気持ちで一杯です。でも自分があまりできないことに気付きます。フィリピン人には、自分たちでやるから手伝いはいらない、あなたはここに属してないと言われました。私は部外者であって、自分の限界はわかっています。彼らを助けられると思うほど無知ではありません。でもこれは私の闘争の一部なのです。私が何者であるかということを探るための……」

毒物撤去の運動に何か展開があると、アメリアは電子メールで支援者にニュースを送っている。TOSのプログラムを終えた後、彼女はニューヨークのロー・スクールに入った。フィリピン人に多いメールオーダー花嫁が絡んだ家庭内暴力など、将来は女性や外国人を手助けできる弁護士になりたいと思っている。

アメリカ人男性のメールオーダー花嫁は、アジアではフィリピンが最大のマーケットだ。花嫁斡旋会社のホームページには、候補者のプロフィールが顔写真とともに載っている。大多数は二十代の女性で、斡旋会社は、女性の住所を売ったり、メンバー制にしたり、ツアーを組んだりと、その経営方針もさまざまだ。

配偶者をメールオーダーで探す男は、女性を金で買って性の奴隷にし、心身ともに女性を虐げていると批判する人は多い。またそういう男性は、離婚を繰り返したり、アルコール中毒になったりした「敗者」と言う人もいる。一方女のほうも、永住権欲しさのために結婚をすると陰口をたたかれる。そういう組み合わせがうまくいかないと、悲しい結末を招くことがある。

九五年にシアトルの裁判所で、四十八歳の白人のコンピュータ技師が、二十五歳のフィリピン人妻と、その友人二人をピストルで射殺する事件が起きた。離婚訴訟中の二人の結婚生活は二週間で破綻し、妻は家を出、二人のフィリピン人と一緒に暮らしていた。殺されたとき、妻は別の男性との間にもうけた八か月の子を妊娠していた。また九五年に、百六十八人の死者を出したオクラホマシティーの連邦ビル爆破事件で、終身刑を受けた白人男性も、再婚相手にフィリピン出身の若いメールオーダー花嫁を選んだ。妻は夫からまるでメイドのように扱われていると不満になり、数年後、子供を連れてフィリピンに帰っている。

スーザンが始めたタガログ・オン・サイト（ＴＯＳ）には、五年間で七十名近くが参加した。卒業生の中には、フィリピンに戻って、非営利団体でボランティア活動をしている人もいる。苦境に追いやられているフィリピン人が、あまりにもたくさんいることを知ったからだ。また、新しいＴＯＳ参加者の手助けをしてくれる人もいる。さらに彼女にはうれしい話が持ち上がっている。アメリカのカリフォルニア大学が、ＴＯＳを「海外学習」のカリキュラムにしようと考えていることだ。もし二〇〇二年にこれが実現すると、夏と秋に、四十〜六十名の学生を受け入れることになる。彼女は少し戸惑いを感じながらも、自分の努力に目が向けられるようになったことを素直に喜んでいる。

おわりに

二〇〇〇年四月から、私は東京中野区で生活するようになった。一九八五年から八七年まで、二年あまりを暮らした古巣に舞い戻って来たことになる。今のアパートは練馬区に近いせいか、自転車を二、三分走らせると、農家が点在し、庭に放し飼いにされた鶏、野菜が育った畑などを目にすることができる。大根、カリフラワー、トマト、枝豆など、野菜の無人販売所が東京にも存在することを知ってうれしくなった。

そういう畑や人家の中にも小さな工場があり、アフリカ系、南アジア系の男性が働いていたりする。こんな所でどうやって仕事を見つけたのだろうと、思わず尋ねてみたくなったほどだ。十数年前の中野区のあたりでは考えられなかった光景である。

私は以前、モルモン教会の隣に住んでいた。だから自分の居住区域で目にする外国人と言えば、白いシャツとグレーのズボン姿の若い白人男性の宣教師くらいだった。もちろん私が言う外国人とは、一目瞭然で「外国人」とわかるアジア系以外の人のことだが……。この教会は今も存在し、宣教師たちの寮もそのままある。

それにしても中野区には、外国人、特に韓国人や中国人が増えたと思う。アパートの近くを歩いていたり、スーパーで買い物をしていると、ハングルや中国語の話し声を聞くことがある。私が利用する中華の惣菜屋には中国人女性が働いていて、「はい、四円はおまけよ」と威勢がいい。携帯電話に汚染された西武新宿線の電車の中で、隣に座った人が、着信メロディーの後、ハングルや中国語で話し始めることも珍しくない。またアフリカ系やヨーロッパ系の人が、歩いているのもよく見かける。いつも同じ顔なので、このあたりに住んでいる人だとわかる。ニューヨークに多かったアフリカ系が、私の近所では「目立って」見えるから不思議である。

一九九〇年代のバブル期には、もっと多くの外国人が東京にいたそうだが、バブルがはじけても、かなりの数の人が暮らしているようだ。区報に、英語、中国語、ハングル版が出てきたのもそのせいだろう。英語はもちろん、スペイン語やフランス語の会話が、雑踏の中からも聞こえてくるし、デパート、銀行、電車でも、英語のアナウンスがある。この数に比例するかのように、日本語のじょうずな外国人も増えてきた。TBSのテレビ番組『ここがヘンだよ日本人』では、日本語を巧みに操る外国人(アジア、ヨーロッパ、アフリカ、オセアニア、アメリカの出身者)が、けんか腰で意見を言い合っている。

外国人が増えた理由は、日本が住みやすくなったというよりは、世界第二の経済大国に、経済的な目的で働きに来ている人が多いからだろう。しかし日本は移民の受入れには消極的で、(北朝鮮の金正男と名乗る人物を除けば）不法入国者に対してはとても冷たい政策を取っている。まったく異なる文化圏から来た人には、ひらがな、片仮名、漢字と、三種類の表記文字のある日本語は、複雑で取っつきにくい外国語だろう。買い物や通信などでは便利な生活ができても、住宅事情は悪く、大都市は人や車でごった返している。

私自身、一九八七年にアメリカへ向かったのは、息の詰まりそうな東京生活をあまり好きになれなかったこともある。だから私は、日本へ働きに、あるいは勉強に来たりしている外国人を心から歓迎したい。彼らの価値観は当然私たちとは違うだろうし、いろんな意見がぶつかれば、日本人ももう少し柔軟な考えをするのではないかと期待している。

私は日本に帰って来てから、仕事を探すためにハローワークに行った。求人情報をコンピュータで検索できる便利さには感心したが、最初に入力する自己データが、「性別」と「年齢」だったことにはがく然とした。アメリカでは、ジェンダーや年齢を問うこと自体が、差別行為だからだ。二〇〇〇年四月の雇用機会均等法で、性別の欄はなくなったが、年齢記載は今も残っている。会社のリストラが進み、高齢化に突入している日本社会にあって、八十代、九十代の国会議員がいる一方、「経験のある二十八歳までの人」などの求人広告を見ると、笑い話に思えてくる。自国民に対してもこうだから、外国人に対しても状況がかなり厳しいのかもしれない。

二〇〇一年三月におこなわれた、中野区の国際交流協会主催のイベントに顔を出してみた。韓国、アメリカ、フィリピン、ビルマ出身者による日本語のスピーチと、イラン、台湾、フィリピン、インド、イギリス、トルコ出身者による日本語劇『やっぱり！　日本語』が披露された。その中で私が気になったのは、日本人男性と結婚した若いフィリピン人女性の話だった。自分は日本語がへたで息子との会話もうまくいかず、もっと日本語を勉強しないといけないと思っていると彼女が語ったからだ。アメリカでは、移民の親子のコミュニケーション・ギャップが、子供の非行につながっていると報道されていたので、彼女の努力は買いたいと思う。しかし、タガログ語を息子に教えることで、母親の祖国のことがわかり、子供にとってはいい社会勉強ができるのにと、少し残念な気がした。日本とフィリピンは近くて行きやすいし、お金を払ってタガログ語を習う人もいるくらいだから。

外国人が増えれば、当然、外国人による犯罪も増えるだろうし、逆に日本人による外国人への犯罪も増えるだろう。JR中央線のガード下に、中国の首都はペキンではなく「ピッキング」と書かれた張り紙を見たことがある。中国人の窃盗グループが、東京の周辺で、ドアをこじあけて盗みをしていることへの批判なのだろう。また、石原都知事の「三国人」発言に、とりわけ韓国人が怒った。私はあの発言があったとき、通信社でアルバイトをしていたので、石原知事のことをあまり悪く言いたくない台湾の団体の人と話をして、おもしろいと思った。かつて日本に植民地化された所でも、国民感情はかなり違う。

そして山の手線の線路に落ちた人を救おうとして、電車にはねられて亡くなった韓国人留学生。危機管理がお粗末で、駅構内でアルコール飲料を売っているJRはふがいないと思う。そう言えば、日本で命をおとす外国人の話もよく聞くようになった。祖国にいる家族の悲しみを思うと切なくなる。

私は日本社会に戻って来て再びマジョリティーの側に立っているが、できれば日本に住む他国の出身者とも接触して、いい関係を築いていけたらと願っている。一九九九年に訪れたボリビアの強烈な印象が忘れられず、東京町田市で開かれている日本ペルー共生協会（アペハ）の会合に参加してみた（ボリビアの団体を東京近辺に探せなかったため、隣国のペルーに鞍替えしてしまった）。ニュースレターの創刊号をもらうと、中に次のような一節があった。

「その後、この移住は逆の形をとることになり、十四年ほど前からこういった移住者たちの子孫や一般のペルー人が、ある者は自分達の祖先の土地にルーツを求めて、又ある者は当時には見出せなかった経済的繁栄の夢を求めて日本にやってきました。

何らかの理由でペルー人達は日本に居残ることになってしまいました。丁度百年前ペルーにやって来た日本人達がしたと同じように……。そして時は流れ、ある者は結婚し、子供をもうけ、帰国の日はずるずると引き延ばされて来てしまったのです」

そのつもりはなくても、ふたをあけてみると、そのまま日本に住み着いていたという外国人は、案外多いのかもしれない。

アペハは二〇〇一年八月に、町田市で国際フェスティバルを開催した。子供から大人までの在日ペルー人が、ダンス、歌、劇を通して、楽しいラテンアメリカの世界を披露した。人間はどこに住んでいても、自分の原点である場所を忘れられないのだろう。

私はとりあえずスペイン語と、アジアの言語からも何か一つしゃべれたらいいなあと思って、ハングルのラジオ講座を聞き始めた。言葉はその国の文化を凝縮しているので、知れば知るほどおもしろい。ニューヨークのフラッシングで見慣れたハングル文字と、よく耳にしたスペイン語。しかし、なかなか頭に入ってこないのは年齢のせいなのだろうと、自分自身をなぐさめている。日本に帰って来たので、アジアの国々もうんと近くなった。三泊四日の旅行ではなく、今度はじっくり旅をしてみたいと思っている。

田中道代

二〇〇一年八月、東京中野区にて

田中道代（たなか・みちよ）

フリーランスライター。鹿児島県生まれ。

留学のため，1987年にアメリカ・オハイオ州へ行く。89〜99年，ニューヨーク市で生活。テレビ番組の制作に携わり，新聞・雑誌などへ寄稿してきた。

著書に『ニューヨークの台湾人』（芙蓉書房出版，1997年），『アメリカの日本人政治囚』（彩流社，1999年）がある。

アメリカの中のアジア――アイデンティティーを模索するアジア系アメリカ人

2001年9月20日　初版第1刷発行

著　者――田中道代
発行人――松田健二
装　幀――市村繁和（i-media）
発行所――株式会社社会評論社
東京都文京区本郷2-3-10　電話03(3814)3861　FAX03(3818)2808
http://www.shahyo.com
印　刷――株式会社ミツワ
製　本――東和製本

ISBN4-7845-0396-X　Printed in Japan